映画のなかの自衛隊

防衛省のメディア広報戦略

須藤遙子

大月書店

目次

はじめに

本書は、二〇一三年刊行『自衛隊協力映画――『今日もわれ大空にあり』から『名探偵コナン』まで』（大月書店）の新装改訂版にあたる。前書刊行から一〇年以上がたち、その間に自衛隊が協力した映画の本数はさらに増え、ＳＮＳ等のメディアの発達により自衛隊の広報はさらに多様化・深化してきた。よって、本書では新しい作品を加え、近年の広報に関する章を加える一方で、扱う作品を絞り、映画分野の先行研究やナショナリズムに関する学術的考察は思い切ってカットすることで、一般読者にも読みやすい内容にすることを心がけた。

自衛隊が協力する映画には共通する傾向や特徴が存在するのだろうか。存在する場合、それはいかなるものなのか。こうした問題意識から、自衛隊が製作に協力する一般劇映画を「自衛隊協力映画」と称し、分析と考察を行っている。「防衛省（庁）協力映画」と称することももちろん可能であるが、「自衛隊」という実力組織がスクリーンに登場することに重きをおく意味で、このように称することとした。

自衛隊協力映画は、その時々の政治・経済・社会状況と密接に関わっている。それは、自衛隊という国家の軍事組織が関与しているという面を指すだけではない。自衛隊協力映画とはいえ、その時々の時代的ムードや流行、あるいはもっと生々しい予算的都合や現場スタッフの力関係などに大きく左右されており、戦中プロパガンダ映画のように劇場上映や学校等での集団視聴を強制することもできない。つまり、自衛隊協力映画はあくまで普遍的な市場原理に従うしかない一般劇映画であり、観客が主体的に映画館に赴き、自分で料金を払って楽しむ娯楽商品である。そして、そこにこそ本書で問題にするポリティクスが存在するのである。

作品のデータとして、監督（特に重要な場合は、総監督や特技監督なども併記）・主演（第1章の一覧表では一名、本文では二名）・製作（委員会方式の場合は、各企業名を列挙）・興行収入（一九九九年までは配給収入。一般社団法人日本映画製作者連盟ホームページで確認できる統計は一〇億円以上のため、金額が少なくて不明の場合は「不明・一〇億円未満」と表記）・協力（エンドロール等で確認できる自衛隊の協力。ただし作品によって表記が統一されていないため、部隊等の番号は算用数字、艦艇名には「　」を付ける等、最低限の統一を行った）を記した。注釈も極力減らし、引用・参考文献として巻末にまとめた。

前書では、二〇一一年六月三〇日、同年九月六日、一二年二月二七日の三回にわたって市ヶ谷の防衛省に赴き、映画への協力に関する当時の資料の閲覧やインタビュー調査を行った。特に注釈なく「防衛省への調査によれば」「防衛省の資料によると」等の記述をする場合は、本書においてもこの三回の調査において入手した事実である。また、同じく一一年七月六日に玉川大学で手塚昌明監督と対談しており、特に注釈なく「手塚監督によれば」等の記述をする際は、この対談での発言である。

第1章　自衛隊協力映画とは

本章では、「自衛隊協力映画」の定義を示し、年代順に四四本の作品をリスト化した。また、自衛隊による映画協力への法的基準ができるまでの経緯を概観し、現在の方針を解説する。最初の自衛隊協力映画公開から二〇二四年で六〇年がたったが、社会の変化やメディアの進化等により、内容も製作形態も大きく変わってきたことが確認できる。

1　定義と対象作品

本書における「自衛隊協力映画」とは、自衛隊が撮影に協力した一般劇映画を指す。自衛隊が部内の資料用に撮影したものは含めず、あくまで娯楽作品として劇場で公開される映画が対象である。

自衛隊が発足したのは、敗戦から九年、占領終了から二年がたった一九五四年である。日本がまだ連合国軍の占領下にあった五〇年、連合国軍最高司令官ダグラス・マッカーサーは朝鮮戦争の勃発を受け、自衛隊の前身となる七万五〇〇〇人の警察予備隊の設立と海上保安庁八〇〇〇人の増員を認めた。五二年四月に独立を回復した日本は、警察予備隊を保安隊に、海上保安庁に設置された海上警備隊を警備隊へと改称する。自衛隊法が施行されたのは五四年七月一日、これによって保安庁が防衛庁に、保安隊が陸上自衛隊に、警備隊が海上自衛隊に各々改編され、新たに航空自衛隊が創設された。

一般の劇場で公開される映画への協力が正式に決定されたのは、その六年後の一九六〇年である。二〇一二年までの防衛省への調査によって最終的に確認した三五本の自衛隊協力映画に加え、その後公開された作品のうち自衛隊による協力が確認できたものをまとめたのが**表1**である。また、各作品の公開時期が自衛隊の映画協力におけるどのような時代なのかを示すため、第12章で詳述する開始期・中断期・再開期・発展期・成熟期の五つの区分も加えてある。

自衛隊協力映画で最も注目されるのは、その協力の規模である。後述する法的基準によって撮影に提供される「諸物品」には、制服や空気マスク、無線機や業務用天幕などの小物と位置づけられるものから、偵察用オートバイ、90式戦車、輸送ヘリコプターのCH－47、戦闘機F－2、イージス艦など、およそ「諸物品」の三文字からは想像もできない規模のものまで含まれている。これらはすべて無償で提供される。つまり税金によって一般劇映画への協力がなされているのである。

自衛隊協力映画のクレジットには、防衛省あるいは陸・海・空の各自衛隊、場合によっては団や基地の名称などが必ず表記されており、宣伝の過程で自衛隊の協力が大きくアピールされる場合もあるので、協力自体が隠されているわけでは当然ない。だが、その協力がまったくの無償であることや、艦艇や戦闘機の航路や飛行までもが演出の範囲内になりうることは、国民には一切認知されていないといえる。

映画製作会社にとっては、自衛隊の協力を得ることで巨額のセット代やＣＧ作業代がカットできるという経済的なメリットがあるうえに、リアルな映像が撮れるという演出上の大きな効果が期待できる。また、俳優や監督らの体験入隊や自衛官としての芝居の指導などを受けることができることも、製作側にとってはかなりの魅力であろう。そしてもちろん防衛省・自衛隊にとっても、一般劇映画として自衛隊が宣伝されるのは大いに広報効果が期待できるため、いわばWin-Winの関係なのである。本書では、その「相互依存」ともいうべき側面に注目したい。

このような実態から見ても、自衛隊協力映画に「防衛省によるプロパガンダ映画」という一面的なレッテルを貼るのは不可能である。自衛隊協力映画は、防衛省が映画製作会社に直接オファーして製作させたのではなく、逆に映画製作会社側から防衛省へ協力を打診するかたちで製作され、さらには後述するようにその時々の社会事象や部内事情に左右される。一貫したメッセージを国民に一方的に注入しているとは、とてもいえないのである。

むしろ自衛隊協力映画が「一娯楽作品」「一メディア商品」であることが重要である。最近の邦画にはメディア関連会社を中心とする複数の企業が出資し、映画製作における経済的リスクを軽減する「製作委員会方式」が採用されることがほとんどである。自衛隊協力映画にも他の邦画と同じように大手テレビ局を中心とする多数のメディア関連会社が製作委員会に加わることで、公開前の宣伝がマスコミやウェブで大々的になされ、公開後はＤＶＤ販売からテレビ放映までさまざまなメディア展開がなされている。それは自衛隊なり自衛隊協力映画なりをポピュラーにする反面、気まぐれな消費者に振り回されることも同時

表 1　自衛隊協力映画一覧表

		公開年	タイトル	監督・主演	製作
開始期	1	1964年	今日もわれ大空にあり	古澤憲吾・三橋達也	東宝
	2	1968年	ジェットF104　脱出せよ	村山三男・倉石功	大映
（中断期）					
再開期	3	1989年	ゴジラVSビオランテ	大森一樹・三田村邦彦	東宝
	4	1990年	マドンナのごとく	門奈克雄・名取裕子	山田洋行ライトビジョン
	5		BEST GUY〈ベストガイ〉	村川透・織田裕二	東映，三井物産，ウィングス・ジャパン・インク，東北新社
	6	1991年	ゴジラVSキングギドラ	大森一樹・中川安奈	東宝
	7	1992年	ゴジラVSモスラ	大河原孝夫・別所哲也	東宝
	8	1994年	イルカに逢える日	和泉聖治・小松千春	ケイエスエス，ビックウエスト，ヒーロー
	9	1995年	ガメラ　大怪獣空中決戦	金子修介・中山忍	大映，日本テレビ，博報堂
	10		右向け左！　自衛隊へ行こう　劇場版	冨永憲治・村上淳	ケイエスエス
	11		きけ，わだつみの声 Last Friends	出目昌伸・緒方直人	東映，バンダイ
	12		ゴジラVSデストロイア	大河原孝夫・林泰文	東宝
	13	1996年	ガメラ２　レギオン襲来	金子修介・永島敏行	大映，日本テレビ，博報堂，富士通，日本出版販売
	14		人間の翼/最後のキャッチボール	岡本明久・東根作寿英	「人間の翼」をつくる会
	15	1997年	北京原人 Who are you?	佐藤純彌・緒形直人	東映，テレビ朝日，バンダイ，東北新社
	16	1998年	カンゾー先生	今村昌平・柄本明	今村プロダクション，東映，東北新社，角川書店
	17	1999年	ガメラ３　邪神〈イリス〉覚醒	金子修介・前田愛	大映，徳間書店，日本テレビ，博報堂，日本出版販売
	18		ゴジラ2000ミレニアム	大河原孝夫・村田雄浩	東宝

	19	2000年	守ってあげたい！	錦織良成・菅野美穂	衛星劇場，エヌエスアド，小学館，スタジオぴえろ，ゼアリズエンタープライズ，竹書房，日本出版販売，ビジネスエクステンション，マルカ
発展期	20	2001年	サトラレTRIBUTE to a SAD GENIUS	本広克行・安藤政信	日本テレビ，ROBOT，スタジオカジノ，東宝，博報堂
	21	2002年	パコダテ人	前田哲・宮崎あおい	アートポート・アースライズ，読売テレビ，ビデオプランニング，札幌テレビ，読売テレビエンタープライズ
	22		ゴジラ×メカゴジラ	手塚昌明・釈由美子	東宝
	23	2003年	ゴジラ×モスラ×メカゴジラ　東京SOS	手塚昌明・金子昇	東宝
	24		手紙	松尾昭典・古谷一行	映画「手紙」製作実行委員会ビジュアルアート研究所
	25	2004年	ULTRAMAN	小中和哉・別所哲也	円谷プロダクション，バンダイ，バンダイビジュアル，TBS，中部日本放送，日本出版販売，電通，松竹
	26	2005年	戦国自衛隊 1549	手塚昌明・江口洋介	角川映画，日本映画ファンド，日本テレビ
	27		亡国のイージス	阪本順治・真田広之	日本ヘラルド映画，松竹，電通，バンダイビジュアル，ジェネオン エンタテインメント，IMAGICA，TOKYO FM，産経新聞社，デスティニー
	28		男たちの大和／YAMATO	佐藤純彌・反町隆史	東映，角川春樹事務所，テレビ朝日，東映ビデオ，朝日放送，広島ホームテレビ，九州朝日放送，北海道テレビ，長崎文化放送，鹿児島放送，朝日新聞社，東京都ASA連合会，中国新聞社，北日本新聞社，東映アニメーション，ゲオ，TOKYO FM，幻戯書房，サンブック社，東映エージェンシー

29	2006年	日本沈没	樋口真嗣・草彅剛	TBS，東宝，セディックインターナショナル，電通，J-dream，スターダストピクチャーズ，小学館，毎日放送
30		木更津キャッツアイワールドシリーズ	宮藤官九郎・岡田准一	TBS，ジェイ・ストーム，アスミック・エース エンタテインメント
31	2007年	俺は，君のためにこそ死ににいく	新城卓・岸惠子	東映，シーユーシー，日本テレビ，東映ビデオ，シーイーシー，ゲオ，日本出版販売，産経新聞社，新城卓事務所
32		ミッドナイトイーグル	成島出・大沢たかお	UPJ，松竹，ジェネオンエンタテインメント，テレビ朝日，朝日放送，メ〜テレ，北海道テレビ，新潟テレビ21，九州朝日放送，IMAGICA，USEN，デスティニー
33		マリと子犬の物語	猪股隆一・船越英一郎	日本テレビ，東宝，アミューズソフトエンタテインメント，ホリプロ，読売テレビ，小学館，読売新聞社，札幌テレビ，宮城テレビ，テレビ新潟，静岡第一テレビ，中京テレビ，広島テレビ，福岡放送
34	2008年	空へ〜救いの翼 RESCUE WINGS〜	手塚昌明・高山侑子	ファーストピクチャーズ，角川映画，北日本海事，ヴィジョンウエスト，アミューズソフトエンタテインメント，産経新聞社
35	2011年	聯合艦隊司令長官 山本五十六	成島出・役所広司	バンダイビジュアル，東映，木下グループ，ワタナベエンターテインメント，東映ビデオ，テレビ朝日，寿スピリッツ，SBIホールディングス，ブロードメディア・スタジオ，アサツーディ・ケイ，吉田正樹事務所，ディ・コンプレックス，フードディスカバリー，エネット，新潟日報社，新潟放送，新潟総合テレビ，テレビ新潟，新潟テレビ21，山陽鋼業，アオイコーポレーション，読売新聞社，デス

					ティニー
成熟期	36	2013年	名探偵コナン　絶海の探偵	静野孔文・高山みなみ(声)	小学館，よみうりテレビ，日本テレビ，小学館集英社プロダクション，東宝，トムス・エンタテインメント
	37		図書館戦争	佐藤信介・岡田准一	TBSテレビ，角川書店，東宝，ジェイ・ストーム，セディックインターナショナル，中部日本放送，WOWOW，毎日新聞社，毎日放送，北海道放送
	38		永遠の０	山崎貴・岡田准一	東宝，アミューズ，アミューズソフトエンタテインメント，電通，ROBOT，白組，阿部秀司事務所，ジェイ・ストーム，太田出版，講談社，双葉社，朝日新聞，日本経済新聞社，KDDI，TOKYOFM，日本出版販売，GYAO，中日新聞社，西日本新聞社
	39	2014年	絆－再びの空－Blue Impulse	手塚昌明	バナプル
	40	2015年	図書館戦争－THE LAST MISSION－	佐藤信介・岡田准一	TBSテレビ，KADOKAWA，東宝，ジェイ・ストーム，CBCテレビ，毎日放送，WOWOW，朝日新聞社，北海道放送
	41	2016年	シン・ゴジラ	庵野秀明・樋口真嗣・長谷川博己	東宝
	42	2020年	Fukushima 50	若松節朗・佐藤浩市	KADOKAWA，松竹，IMAGICA GROUP，中日新聞社，報知新聞社，読売新聞グループ本社，福島民友，産業経済新聞社，西日本新聞社，中国新聞社，ムービーウォーカー
	43	2022年	シン・ウルトラマン	樋口真嗣・斎藤工	円谷プロダクション，東宝，カラー
	44	2023年	沈黙の艦隊	吉野耕平・大沢たかお	Amazonスタジオ

に意味しているといえよう。

2 映画協力の法的根拠

田中孝昌による防衛庁広報政策の研究では、「防衛庁設置法には防衛庁の権限として『所掌事務の周知宣伝』が規定された」ものの、一九六〇年七月二九日防衛庁訓令第36号「防衛庁の広報活動に関する訓令」（現在は「防衛省」に変更、以下、訓令）までは下部規則が制定されず、「防衛庁・自衛隊に明確な広報政策は存在しなかった」という。現在に至るまで防衛省の広報活動に関する基本となっているこの訓令は一九条からなり、「第1章　総則（第1条－第4条）」「第2章　自主的広報活動（第5条－第11条）」「第3章　協力的広報活動（第12条－第15条）」「第4章　雑則（第16条－第19条）」の四つのパートに分かれている。このなかで一般劇映画への協力は、第3章第13条での「部外の製作する映画及び放送番組等に対する協力」で規定されている。

第13条の内容は、「実施担当官は、部外の製作に係る映画に対する協力の要請を受けた場合には、当該映画が広報上相当の効果があり、かつ、他の業務に著しい支障を及ぼさないと認められるときに限り、防衛大臣の承認を得て所要の協力を行うことができる」というものである。あとから「放送番組等に対する協力」が2項として加筆され、「次の各号のいずれかに該当するときは、あらかじめ防衛大臣の承認を得なければならない」として、以下の条件が明記されている。「（1）当該放送番組等に対する協力に際し、訓練その他の隊務に相当の影響を及ぼす程度の多数の人員、装備等を使用する必要があるとき。（２）当該放送番組等に対する協力の期間が、比較的長期にわたるものであるとき。（３）その他当該放送番組等に対する協力について、防衛省として総合的な配慮を必要とすると認められるとき」。

この訓令を受けて、翌月一九六〇年八月一八日に防衛事務次官から各長らに通達されたのが、次発官公第１６０号（改正　防官広第２８２号）の「部外製作映画に対する防衛庁の協力実施の基準について」（現在は「防衛省」に変更、以下、通達）である。この通達によって協力の範囲が明確化され、どの映画にどのように協力するかが決定されることになった。この通達は「１　目的」「２　協力の不可決定の基準」「３　協力範囲の基準」「４　協力申請の受付」「５　危害の阻止」「６　経費」「７　映画協力の事後検討」の七条からなっている。

「１　目的」では、まず「部外製作映画」を「報道関係を除く一般劇映画、テレビ映画及びニュース映画並び日本その他の映画」とし、「防衛省の広報のためにする協力について、必要な実施基準を定めることを目的」としている。「部外」としているのは、防衛省自身で製作された、いわゆる部内映画と区別するためである。

「２　協力の不可決定の基準」では、「当該映画が次の各号により防衛省の広報上直接効果あるものと認められるもので、その内容が健全妥当であり、協力内容が防衛省以外においては不可能又は困難であり、防衛省の教育訓練等を兼ねて実施しうる場合に限るものとする」と規定されている。よって、たとえば自衛隊が登場する映画でも、自衛隊の存在を否定したり貶めたりする内容では協力はなされず、教育訓練と

表２　映画協力格付表

当該映画の防衛省広報上における価値映画	協力格付
防衛省広報に極めて有意義と判断されるもの	A
防衛省広報に概して有意義と判断されるもの	B
その他	C

ならない場合や過度に危険な場合なども協力は難しい。さらに「（1）防衛省の紹介となるもの（2）防衛省の実情又は努力を紹介する等防衛思想の普及高揚となるもの」という二項が続き、「前項を判定するため当該映画の内容、部内外に対する効果等を検討して次の映画協力格付表により当該映画をA、B、Cの区分に格付し、AおよびBに該当したものを協力可、Cを協力不適とする」として、**表2**の映画協力格付表が付帯されている。

Aランクと Bランクを分ける「極めて有意義」と「概して有意義」の具体的な記述はないため、実際はその時々の大臣や担当者の判断に左右されることになる。この格付けによって実際の協力が確定したAランクとBランクの作品に対する協力範囲を定めたのが「3　協力範囲の基準」である。ここでは「部外製作映画に対する防衛省の協力の範囲の基準は次の映画協力の範囲基準表によるものとし、実施に当っては、防衛省の他の業務及び秘密保全等と十分調整するものとする」とあり、**表3**の映画協力の範囲基準表が示されている。

Aランク作品への協力とBランク作品への協力の差は、教育訓練等に「大きな」支障があるかないか、またその協力が「軽度」であるかないかであるため、ランクの格付け同様に、具体的な差はこの表からは読み取ることができない。協力が得られるか否かの違いは重要であるが、協力作品がAであるかBであるかは

表３　映画協力の範囲基準表

当該映画格付	協力範囲の基準
A	防衛省の教育訓練等に大きな支障を生じない範囲で次につき撮影の為の便宜を供与する。 (1) 教育訓練等の取材 (2) 諸施設，諸物品の利用 (3) 技術的指導 (4) 防衛省製作映画の利用
B	防衛省の教育訓練等に支障を生じない範囲で次につき撮影のための便宜を供与する。 (1) 教育訓練等の取材 (2) 諸施設，諸物品の軽度の利用 (3) 軽度の技術的指導 (4) 防衛省製作映画の利用

防衛省の内部資料にも書かれている例がほぼなく、格付けよりはむしろその時々のプラクティカルな隊の事情に協力の規模が左右されていると考えられる。

「4　協力申請の受付」では、「実施期日前少くとも一般の映画については50日、その他については30日を原則とする」ことが明記されている。「5　危害の阻止」では、「人的、物的の危害防止について特に留意」するよう促している。「6　経費」では、前述のように「映画協力に伴う対価は要しない」旨が明記され、第2条にも「防衛省の教育訓練等を兼ねて実施しうる場合に限る」となっているため、映画製作会社から費用は一切徴収されていない。「7　映画協力の事後検討」においては「当該映画の評価、防衛省の広報効果、隊務への影響」等を検討し、「今後の参考とする」とある。そのため、協力を受けた製作会社からは必ず興行収入や劇場入場者数などが報告されている。

その後、一九六二（昭和三七）年度防衛庁広報実施要

綱及び同実施要領（以下、要綱、要領）が『広報アンテナ』第5号で発表される。興味深いのは、要領の「二、重点事項について（4）方法関係について（ウ）映画、放送について」で詳しく述べられている映画製作のあり方である。

> 劇映画等の製作に際しては、自衛隊色を表面に出さず、観客に自然と防衛の必要性、自隊《ママ》の任務等が理解されるよう部外専門家の創意に期待する。

ここで表面に出さないように期待された「自衛隊色」とは、軍事組織が必然的に持つ規則や階級の厳しさ、国家を守るために必要な強固な愛国心などであろう。実際に後述の作品分析で明らかなように、自衛隊協力映画は政治臭をなるべく払拭したいという政治性を持っている。こうした「自衛隊色」が薄いことには、このような法的根拠が存在するのである。また、この要綱や要領には、「重点的」で「積極的」な広報活動を行う対象を「青少年層及び婦人層」としており、一般劇映画を楽しむ層と合致していることがわかる。

二〇〇七年には「防衛省の広報活動に関する訓令の一部を改正する訓令の施行について（通知）」（以下、通知）というかたちで、訓令の一部が改正された。これによると、部外製作映画は「広報上相当の効果があると認められる場合に限られるもの」とされている。つまり「原則として、当該協力のために防衛省側が要する負担の程度以上のものであることをいうものであること。従って、効果の程度が如上の負担の程度に匹敵しない場合、あるいは、単に自衛隊の存在を示すにとどまる場合、更には、単なる使役的労務の提供に終始するような場合等は、原則として、協力は行なうべきではないものであること」と明記されている。

このように「相当の効果」に関してやや踏み込んだ言及がされていることから、部外行事や部外製作映画に対する協力実績が増えていくなかで、協力の規模に対して広報の効果が不十分なケースも発生していたと考えられる。たとえば第２章で考察する『空へ～救いの翼 RESCUE WINGS～』は惨憺たる興行成績に終わり、それが「協力の失敗」に直結していることはいうまでもないだろう。順調に続いていた一般劇映画への協力が、この作品後は三年間も途絶える結果となっているが、当作品の失敗が協力中断の大きな要因となっていることは、防衛省への調査でも明らかとなっている。

注目すべきは、二〇〇五年公開の『亡国のイージス』の撮影協力を行っていた〇三年当時に、「内容が健全妥当なもの」の解釈がかなり転換されたことである。これについては、第６章で詳述したい。また、経済的メリットから製作会社がシナリオを変更してでも自衛隊の協力を得ようとする一方、自衛隊側もシナリオに注文を出してまで協力を行おうとするのは、映画のストーリーが自衛隊の実態と異なっていたり、悪い面が強調されていたりという理由で協力しなかったために、かえってマイナスとなったケースも存在するからである。こうした作品も含めた「非自衛隊協力映画」については、第11章で述べる。

以上確認してきたように、防衛省が一般劇映画へ協力する際には、トップや担当者の裁量やその時々の社会状況が少なからず影響するとはいえ、個々の作品への具体的な協力内容は、必ず訓令や通達・通知という法的根拠と枠組みのなかで決定されている。しかし、実はこの訓令が出される以前にも、防衛庁による映画協力がかなり大々的に行われていたことが判明している。

3　法的整備以前の『予科練物語～紺碧の空遠く』（一九六〇年）

訓令以前に協力があった作品の一つに、訓令が発せられた四か月近く前の一九六〇年四月一日に公開された『予科練物語～紺碧の空遠く』（井上和男監督、山田五十鈴主演、松竹）がある。終戦直前に自宅を開放して予科練（海軍飛行予科練習生）のための「倶楽部」を行っていた女性から見た彼らの人間関係を描いた作品である。

この作品は防衛庁による「プリントカット事件」で有名で、「オレはかねがね、戦中派として、自分の体験に基いた戦争映画をつくりたいと思っていた」という井上監督のエッセイのなかにその詳しい顚末が書いてある。

封切り初日、作品は全国一律に、プリントの最後の一巻をオミットして、前の巻の尻（山川機がエンジン故障のまま海に突っ込み、夕焼け空になるショット）で、エンドマークが出るという異常の事態になった。

松竹本社の言い分では〈自衛隊の広報室長からクレームがついて、最後の一巻は明らかに自衛隊批判である。この巻をオミットして上映しない限り、現在協力している『二等兵物語』や『人間の條件』を含め、自衛隊は松竹映画に対する協力は一切しない〉と云って来たのだという。高村専務は困って、取り敢えず、最後の一巻を外し、エンドマークを前の巻にくっつけて上映しろと、全国の封切り館に指令を出したのだという。

この「最後の一巻」で「自衛隊批判」であると問題となったのは、殺人罪によって一三年の刑期を終えた「特攻崩れ」の雑賀が、身元引受人となった竹とともに霞ヶ浦で散歩しているラストシーンである。

いきなり、轟々《ごうごう》とエンジンを響かせて、迷彩服兵士を満載した軍用トラックが到着し、続々と銃を手にして、二人の傍に整列を始めた。迷彩服と軍靴の音、そして手にしたカービン銃と整列の音、それは背丈と顔の色を除けばアメリカ兵と一つも変らない姿の群れであった。正しく米国軍だった。嘗《か》つての日本兵はアメリカ兵に姿を変えて、再軍備したのだ。敗戦の詔勅は何処へ行ったのか?!

雑賀は、いたたまれなくなって、矢庭《やにわ》に駆け出した。「雑賀さん！　何処行くの！」お竹の声も聞えなかった。石油コンビナートの巨大な機器の並ぶ道を、雑賀は、ただただ無性に駆け抜けてゆく。

自衛隊の門を出てゆく独りぼっちのお竹が、口づさむ《ママ》予科練の歌は、空しく死んで行った少年たちへのレクイエムのように尾をひいた。

この事件は、井上監督に接触してきた朝日新聞社会部の記者によって独占スクープとなった。マスコミでの報道を受けてさらに騒動は大きくなり、約一週間後の一九六〇年四月一二日の国会常任委員会の一つである内閣委員会において、日本社会党の石橋政嗣《まさし》が当時の防衛庁次長事務代理だった門叶《とが》宗雄に対して、この事件に関する質疑を行うという事態に発展した。

一体協力したことを理由に、一番その映画がねらっておる問題のシーンをカットさせるというようなことが許されるのか。こういうことが許されるとするならば、これは明らかに一種の検閲制度の復活です。

門叶は「国防意識の高揚をはかる」目的で協力したが、「はなはだこちらの協力した意図と違うので、松竹側に対して不満を申し出た」とし、カットはあくまで松竹側が「自発的」に行ったものだと説明した。(1) これに対して石橋は、カットに対する防衛庁の圧力があったこと、そもそも防衛庁は協力する際に事前にシナリオ審査を行っており、むしろ最後のシーンは「どちらかというと防衛庁の希望で入れた」ことを暴露した。さらに、自衛隊法第一〇〇条を根拠として「純然たる公共的な土木工事等に従事した場合でも、ガソリン代程度の実費はもらっている」にもかかわらず、「完全な営利事業である映画会社に協力して、びた一文ももらわぬ。出しっぱなし。映画会社はそれで何億ともうけている」ことを指摘し、「国民感情としても納得できない」と糾弾した。

やはり私はちょっとしたことでも、相当の法律根拠がなければできないのじゃないかという感じを持つわけなんです。（略）それを法律的根拠なしにやるというところに、やはり一つの問題があると思います。

ここで石橋が「法律的根拠」を持ち出したことは非常に重要である。なぜなら、『予科練物語～紺碧の空遠く』の公開は、訓令第36号が出される前だったので、「法律的根拠」がないままに映画協力がなされていたことはもちろんだが、まさにこの「プリントカット事件」がマスコミで大々的に騒がれ、石橋による国会での追及があったことの二つを契機として、ようやく「法律的根拠」となる訓令や通達が出された可能性が非常に高いからである。

映画評論家の山田和夫は、「大蔵映画（新東宝の後身）の『太平洋戦争と姫ゆり部隊』（一九六二年）には延べ千二百人の兵員、七十門の大砲、百台の戦車が動員され、日活の『零戦黒雲一家』（一九六二年）、東映の『第八空挺部隊・壮烈鬼隊長』（一九六三年）、東宝の『今日もわれ大空にあり』（一九六四年）、大映の『ジェットＦ１０４　脱出せよ』（一九六八年）など、直接・間接に自衛隊をＰＲする映画に、大型撮影協力が行なわれた」と指摘している。さらに七四年公開の『樺太１９４５年夏　氷雪の門』に対しても「防衛庁は前記『戦争映画協力基準』に合う作品として、この映画に戦車を貸し、当時の田中角栄首相が出演者を激励、自民党本部で特別試写会が開かれた」と述べている。

調査時点では、これらの真偽について防衛省の資料での確認はできなかったが、『太平洋戦争と姫ゆり部隊』の市販ＤＶＤパッケージには、「自衛隊の全面協力のもと沖縄大激戦を壮大なスケールで再現！製作費６億円、出演者延１２０、０００人を動員した大迫力の戦闘シーン！」とあるため、協力があったことは間違いない。また実際に視聴してみても、登場する戦車や大砲の数が自衛隊協力映画のなかでも群を抜いて多いことが確認できる。また『零戦黒雲一家』では、冒頭に鹿児島鹿屋《かのや》基地の自衛隊映像が入り、「当時は自衛隊の映像を入れないと協力してくれなかったからね」と、舛田利雄監督自身が市販ＤＶＤのオーディオコメンタリーで証言している。

山田はさらに、自衛隊以前の警察予備隊の時代からタイアップ映画が存在したと指摘している。「『警察予備隊』が出来ると、東横映画（のちの東映）はいち早く警察予備隊のＰＲ劇映画『この旗に誓う』を製作した。一九五〇年代後半から六〇年代にかけてふえてくる自衛隊とのタイアップ映画の、これはは しりであった」。警察予備隊は一九五〇年八月一〇日に設置されており、ポスターに「熱血の雄叫び　新生日本の護り！警察予備隊を描く…講和記念異色大作！」の文字が躍る「東映巨篇」の『この旗に誓う』は、翌五一年一〇月一二日に公開されている。

当時は戦争ものがブームで、戦闘シーンを撮るために各映画会社が〝自衛隊まいり〟をしていたという。メディア史的には、テレビの普及に伴って映画産業が急速に没落していく時期にあたり、映画業界も生き残りをかけて必死だったのだろう。

4　映画協力の現行方針

二〇一一年当時の防衛省への調査によれば、自衛隊は警察や消防と比べて国民生活との接点が少ないために、海上保安庁が協力したフジテレビ制作のテレビドラマ『海猿』などを参考にしながら、国民へのアピールの大きいテレビドラマ、映画、ラジオ放送等へ積極的に協力し、扱ってもらえるように働きかけているということだった。協力の際は、ストーリーがフィクションにならざるをえないことをふまえつつも、シナリオを工夫することによって、防衛省・自衛隊のマイナスイメージが緩和され、評価すべき点が強調されているものであれば、協力基準の「内容が健全妥当」という条件をクリアできるとする旨が確認されている。また、「国費」を利用して協力することになるので、自衛隊の協力が製作会社の経費削減に直結していることも十分に理解して慎重に検討を行ったうえで、すべての協力に防衛大臣の承認を必要としている。

大泉実成によると、当時の防衛庁内局広報課の映画協力の担当者から聞いた自衛隊による協力の手順としては、下記の流れで進んでいく。

自衛隊が映画に協力する場合、まず最初に、映画会社から上がってきたシナリオの第一稿を、広報課長以下全員で回し読みする。そこでＯＫが出ると、こんどはさらに、関係幕僚の広報課へシナリオを下

表4　映画協力可否決定基準表

協力基準	協力の可否決定の判断ポイント
［広報効果について］ ①広報上直接効果があるもの ②防衛省の紹介となるもの ③防衛省・自衛隊の実情または努力を紹介して防衛思想の普及高揚となるもの	•協力が単に使役的役務の提供に終始していないか
	•単なる存在の紹介に留まらず，自衛隊の実情や努力を紹介しているか
	•観客動員数や視聴率の観点から多数の者が視聴するか（放映時間帯に留意）
	•協力のために防衛省側が要する負担より広報効果が大きいか
［内容が健全妥当なもの］ ①原作のストーリーも念頭 ②マイナスイメージが緩和され，評価すべき点が強調されていれば健全と判断	•防衛省・自衛隊の描写部分（行動等）が，実情とかけ離れていないか
	•防衛省・自衛隊を悪者にするなど，マイナス効果になっていないか
	•シナリオを工夫することによって，自衛隊のマイナスイメージが緩和できるか
［協力内容が防衛省以外においては不可能または困難であること］	•防衛省・自衛隊以外の協力は困難であるか
	•経費削減のために，安易に防衛省に協力を依頼していないか
［教育訓練等を兼ねて実施しうる場合に限定］	•他の業務に著しい支障を及ぼさないか
	•教育訓練を兼ねて協力ができるか
	•どの程度の協力か（映像協力，撮影協力，技術的指導）重・中・軽

ろし、各シーンに合った訓練を探してもらう。

また、何本もの自衛隊協力映画に携わった手塚昌明監督は、自衛隊との交渉は撮影の半年前くらいから開始し、自分たちはどういうことをしたいのか、向こうはどんなことが困るのかというようなことを調整するのが、最も大変な仕事であると証言している。

自衛隊による協力可否の基準は、表4のように整理されている。

こうした基準をクリアすると、防衛省と製作会社とで必ず表5のようなフォーマットに則った基本協定（二〇一一年調査現在）が交わされている。

以上のような協定を締結したのちに

表５　基本協定フォーマット

『(タイトル)』に対する防衛省の協力に関する基本協定

防衛省を「甲」，(製作会社）を「乙」として，劇場用映画『(タイトル)』(以下「映画」という。）の製作に対する甲の協力に関し，甲を代表する（所属・階級・名前）と，乙を代表する（会社名・役職・名前）との間にこの協定を締結する。

(協力事項及び期間)
第1条　甲が協力する事項は，次のとおりとする。
(１)（協力する自衛隊名）の施設，装備品等の撮影に関する便宜供与
(２)（協力する自衛隊名）における行動所作に関する指導及び備品の借用
(３) 撮影における（協力する自衛隊名）の諸施設及び諸物品の利用に関する便宜供与
(４)（協力する自衛隊名）で製作した映像資料等の利用に関する便宜供与
２　甲が協力する期間は，(年月）から（年月）の間のうち合計（期間）程度とする。ただし，(協力する自衛隊名）広報室の担当者による協力等は，この限りではない。

(協力の細部事項の調整等)
第２条　乙は，前条に定められた甲の協力事項の細部及び実施要領について，(協力する自衛隊名）と調整するものとする。

(秘密保全)
第３条　乙は，撮影時及び撮影されたフィルム・ビデオテープの編集時において，秘密保全の観点から，その内容について甲の承認を受けなければならない。

(経費)
第４条　撮影協力に関して，指導，監督等のため，甲が派遣することとなった者の旅費については，防衛省所管旅費取扱規則（平成18年12月26日防衛庁訓令第109号）の規定に基づき算定された額を乙が負担するものとする。
　前項に定めるほか，経費に関する細部事項については，必要の都度，甲と乙が協議して決定する。

(損害賠償)
第５条　第１条に定める協力を実施するに当たって発生した甲の損害については，甲に故意又は重大な過失があった場合を除き，乙の負担とする。

２　甲は，乙の損害については，甲の故意又は重大な過失によるものを除き，責任を負わない。

（協力の中止）
第６条　自衛隊法（昭和29年法律第165号）第83条の規定に基づく災害派遣その他の緊急事態が甲に生じた場合には，第１条に定める協力事項の全部又は一部を中止又は変更することができる。
２　前項に定めるほか，甲が必要と認める場合には，第１条に定める協力事項の全部又は一部を，乙と協議の上，中止又は変更することができる。
３　前２項により協力事項を中止又は変更する場合には，甲は，その内容を乙に通知するものとする。

（完成品への「協力（協力する自衛隊名）」等の表示について）
第７条　乙は，完成した作品内に，（協力する自衛隊名）が協力したことを明らかにする「協力（協力する自衛隊名）」等をエンドロール及びパンフレット等に表示しなければならない。

（完成品の確認）
第８条　乙は，甲に対して事前に完成品の確認の機会を準備しなければならない。

（完成品の提供）
第９条　乙は，甲が必要とする分の完成品（フィルム・ビデオテープ等に複写したもの等）を，甲に提供しなければならない。

（甲による広報のための使用）
第10条　甲は，甲の協力により撮影されたフィルム・ビデオテープ及び完成した映画を，乙の事前の同意を得た上で，自ら行う広報活動のために使用することができる。この場合，乙は甲が必要とする教材を提供するものとする。当該素材提供の費用は，甲と乙の間で協議して定める。
２　乙は，甲の広報に資するため，宣伝用テレビ特番，パブリシティー特番及びDVDパッケージ等において甲の協力の様子に関するメイキング映像を盛り込むものとする。
３　甲が広報上必要とする便宜について，甲と乙が協議の上，供与するものとする。

（映画の製作及び公開を中止する場合の措置）
第11条　乙の都合により映画の製作及び公開を中止した場合には，甲の協力により撮影したフィルム・ビデオテープ部分の帰属及び処理について，甲と乙の間で協議して決定するものとする。

（観客動員数等の報告）

第12条　乙は，映画の封切り劇場における上映終了後，観客動員数等を，調査条件等を付記し，文書で甲に通知しなければならない。

（製作された映画の再編集等）
第13条　乙は，製作した映画を二次使用等のために再編集する場合及び甲の協力により撮影した編集を行っていないフィルム・ビデオテープを使用する場合（以下「再編集等」という。）は，事前に文書で甲の承認を得るものとする。
２　再編集等に当たっては，第７条から第10条までの規定を準用するものとする。また，甲が必要と認める場合には，別に協定を締結することができる。

（映画に関する乙以外の権利者の本協定に対する同意）
第14条　本協定の目的を達成するために，乙は，映画に関する権利を有する乙以外の権利者に対して必要な同意書等を確保し，その副本を甲に提出するものとする。
２　本件映画に関して新たな権利者が発生する場合には，乙は，事前に甲に通知するとともに，その発生後，当該権利者の本協定に対する必要な同意書等を確保し，その副本を甲に提出するものとする。

（協定の修正及び相互協議）
第15条　本協定は，甲と乙の双方の合意により，改正することができる。
２　本協定に定めない事項の処理を行う場合又は本協定に関し紛争若しくは疑義が生じた場合は，その都度，甲と乙が協議して解決するものとする。

（有効期間）
第16条　この協定の有効期間は，協定締結の日から，社会通念上，製作された映画がその商品価値を失うまでの間とし，その細部については，甲と乙の双方の合意により決定するものとする。ただし，第１条から第９条までに規定する事項の有効期限については，製作された映画の完成時までとする。

（その他）
第17条　本協定を証するため，基本協定書２通を作成し，双方押印の上，各1通を保持するものとする。

（締結の年月日）
（甲）防衛省　（所属・階級・名前）　印
（乙）（会社名・役職・名前）　印

製作・公開された作品が、本書で扱う自衛隊協力映画である。次章からその作品の内容を見ていこう。

〔註〕

（1）内閣委員会議録第二七号　昭和三五年四月一二日　二－五頁、国会会議録検索システムより参照。https://kokkai.ndl.go.jp/#/detail?minId=103404889X02719600412&current=4（二〇二四年四月二九日最終閲覧）。以下の引用も同様。

第２章　航空映画

図１　各自衛隊旗

陸上自衛隊旗

海上自衛隊旗

航空自衛隊旗

アメリカ空軍旗

本章では、自衛隊協力映画の原点ともいうべき航空映画を扱う。航空自衛隊は、一九五四年の自衛隊創設と同時に「日本の防空任務を担うため」にできた、「陸上自衛隊・海上自衛隊・航空自衛隊のうちでもっとも新しい部門」である。同じ自衛隊といっても陸・海・空では相当気質が異なり、それぞれの組織間の確執もかなりあるといわれる。航空自衛隊での戦闘は、レーダー指示や要撃管制下で行われるという意味ではもちろんチームプレイであるが、個人的色彩が強いのも事実である。また、小隊や班の個性が強いこと、そして唯一旧日本軍とつながりのない部隊であり、しかも米軍によってその基礎がつくられたという経緯から、最も自由な雰囲気を持つとされる。

図1の各自衛隊の旗を見ても、陸上自衛隊旗は旭日旗をもとにしたデザインであり、海上自衛隊はその旭日旗の中心をずらした帝国海軍の軍艦旗そのもの、航空自衛隊のみがアメリカ空軍旗そっくりで、ブルー地に星、月、雲、太陽の上に鷲が翼を広げたデザインとなっている。以上の経緯から、戦前とは断絶した組織たる自衛隊をPRするためには、航空自衛隊が最も適していたのだろう。さらに、第10章で述べるUSISが関与していた可能性も、十分に考えられる。

1 『今日もわれ大空にあり』（一九六四年）

図2 『今日もわれ大空にあり』

5月20日DVD発売 2,750円（税込） 発売・販売元：東宝

監督：古沢憲吾
主演：佐藤充《まこと》、夏木陽介
製作：東宝
配給収入：不明
協力：浜松北基地 第1航空団、千歳基地 第2航空団、小牧基地 第3航空団、静浜基地 第15飛行教育団、輸送航空団、保安管制気象団、航空救難群、第1術科学校、第2術科学校、特別飛行研究班〝ブルー・インパルス〟

作品の冒頭では、「この映画は航空自衛隊の支援を得て製作されました。特に撮影にあたり多大な協力

を寄せられた各位に謝意を表します。」というテロップのあとに、前述の個別団名が流れる。当時のポスターには「航空自衛隊全面協力」と印刷されており、「空の男たちの男の友情が航空自衛隊をあげての協力といわれる航空撮影の場面をバックにくりひろげられる。（略）アメリカ映画にはよくある作品だが、日本ではあまり見られない航空自衛隊のＰＲ映画ということができよう」と紹介された。

当時「人間の乗れる最後の戦闘機」とされたＦ－１０４戦闘機のパイロットを目指す若者たちの物語である。オープニングタイトルのあとは、二分二〇秒以上もＦ－86の多種多様なアクロバット飛行の映像が続き、開始から九分まではほとんど戦闘機の実写になっている。防衛省の資料によれば、九〇分中七二分、この作品の約八割が協力シーンということだ。

また、この作品では英語が多用される。チーム名の「タイガー」をはじめ、もともと航空自衛隊における公式の交信はすべて英語でなされるので、空中シーンでは英語が連発される。戦闘機に乗った主人公たちの管制塔とのやりとりをはじめ、食堂のヒロインも「オールパイロット、グッドラック、オーバー」と気取ってマイクに向かう。その彼女がつくるメニューも「チキンフライ、サーモンステーキ、コーンスープ」や「アイスクリーム」という具合に、みごとに西洋化されている。これは、前述のように航空自衛隊の設立にアメリカ軍が深く関わっているという事実に加え、航空自衛隊を「憧れ」の対象として見せるイメージ作戦ともいえるだろう。調査によれば、当時はパイロットにハイカロリーの加給食が支給されていたということだが、一般庶民にとって洋食はまだまだ「ご馳走」の部類であったと推測される。それを毎食当然のように食べているパイロットは、文字どおり雲の上の存在なのだ。

本作では、主人公の若者たちが実によく笑い、ふざけあう。タイガー隊の四人は階級がバラバラであるにもかかわらず、厳しい序列はまったく見られない。着任したばかりの山崎隊長にタイガー隊が一喝されたのち、一人が口笛をひと吹きして「帝国陸軍航空隊と間違えてんじゃねえか」と毒づく印象的なシーンがある。このストレートな揶揄によって強調されるのは、新しい日本の新しい組織である自衛隊であり、陰惨な旧日本軍とは一線を画すというメッセージである。

ＤＶＤに添付された解説書には「本作は当時の社会状況や、自衛隊の立場、さらに新鋭機導入による政治的な思惑など、あらゆる重い要素にあえて目をつぶり、若手パイロットのサクセス青春ドラマに仕立てあげられている」とある。この「新鋭機導入による政治的な思惑」とは、一九六〇年四月の「航空自衛隊の次期戦闘機ロッキードＦ１０４Ｊ百八十機と同練習機Ｆ１０４ＤＪ二十機、計二百機の日米共同生産」の決定を指すと考えられる。同年五月には、国会議事堂を大規模なデモ隊が取り囲むことになった日本史上最大規模の反政府運動の末に新安保条約が強行採決されており、自衛隊にとっては逆風の政治状況にあってイメージアップが任務として課せられていたのだろう。

一方で、自衛隊にとっての明るいニュースもあった。公開年の一九六四年一〇月一〇日から二四日まで東京オリンピックが開催され、開会式では澄み切った青空にブルーインパルスが五輪の輪を描き、大きな話題となったのだ。当時のブルーインパルスの塗装デザインは、この『今日もわれ大空にあり』に協力したことをきっかけに、東宝の美術部デザイナーが手がけたものだったといわれている。

2　『ジェットF１０４　脱出せよ』（一九六八年）

監督：村山三男
主演：海津士郎、郷原克彦
製作：大映
配給収入：不明
協力：航空自衛隊

前述の『今日もわれ大空にあり』と同様に、オープニングから「協力　航空自衛隊」と映し出される。プロペラ機であるT－34から、愛称「初鷹」という戦後初の国産飛行機となるジェット機T－１に乗り換え、次に「若鷲」と呼ばれるT－33に乗り、さらにF－86を経てから最終ゴールとなるF－１０４へと、パイロットたちがどのように飛行経験を積んでいくかがストーリーの柱となっている。市販VHSの解説によれば、「静岡県の静浜基地を皮切りに、浜松、入間、百里、千歳、芦屋基地を舞台に二ヶ月半の長期に渡る《ママ》オールロケを敢行」しただけあり、戦闘機パイロットの友情ドラマというよりは、航空自衛隊の教材映像という印象が強い。

この作品には「ニッポン」という言葉が三回登場する。特にエンディングの「今日も国籍不明機を追ってジェットパイロットはニッポンの空を飛ぶ。彼らの青春のすべてをかけて鍛えぬいたたくましい魂と優れた技術を駆使して、この美しい国土を愛し、永遠の平和を願うニッポンの幸せを守るために、力の限り、命の限り飛び続けてゆく」というナレーションは印象的で、編隊を組んで雲上を飛ぶF－104の映像のバックに勇壮な音楽が流れながら映画が終了する。この愛国的な「ニッポン」像は、『今日もわれ大空にあり』には見られなかったものである。

『ジェットF104　脱出せよ』への自衛隊の協力に対し、一九七〇年四月六日の参議院予算委員会において質疑応答が行われた。質問者は公明党議員の三木忠雄、答弁に立ったのは、のちに通商産業事務次官となる両角《もろずみ》良彦、防衛事務次官となる島田豊、内閣総理大臣となる当時防衛庁長官の中曽根康弘、の三人だった。

まず両角の発言によれば、『ジェットF104　脱出せよ』の製作費一億九〇〇〇万円のうち一億五〇〇〇万円が、社団法人日本映画輸出振興協会から融資されていた。大映系の映画館ならびに土地を担保としており、「十分審査した」結果とはいえ、有名俳優を起用した大作でも製作費は五〇〇〇万円から六〇〇〇万円、いわゆる俳優等は用いない自衛隊製作の広報映画の場合は一〇〇〇万から二〇〇〇万円が相場だった時代に、「あまりにも融資の決定に対してずさんというか、あるいは常識では考えられない」と三木は非難する。さらに島田の発言では、協力期間は一九六七年一〇月八日から一一月三〇日までの約二か月間、撮影に使われた飛行機は延べ八一機、燃料費や酸素などを合計すると当時の値段で約二〇〇万円だったというが、繰り返し述べたように、もちろん経費の徴収は行われていない。さらに自衛隊の協力に際し、「この映画に関して非常に手を加えられて、シナリオに相当手が加えられ」たという背景もあったとされる。

また「防衛庁と民間の映画会社との製作協定の問題」として、今後も協力する意向があるかという三木の質問に対しては、中曽根は自分が観た外国映画を例にし、「ヒトラーの上陸作戦を阻止した『バトル・オブ・ブリティン』（ガイ・ハミルトン監督、ローレンス・オリヴィエ主演、イギリス、邦題『空軍大戦略』、一九六九年公開――引用者註）とか、あるいはノルマンディ上陸作戦の『ザ・ロンゲスト・デー』（ケン・アナキン他監督、ジョン・ウェイン主演、邦題『史上最大の作戦』一九六二年公開――引用者註）とか、ああいう映画は、やはりその国民の士気を鼓舞し、教育的にもいい要素もあったように思います」と発言している。そのうえで、「自分でやるのはPRとしては下の下でありまして、第三者がうまくやってくれるのが一番うまいやり方だと私は思いますから、費用と効果を見まして実行していきたいと思います」と答えた。しかし、結局は本作に対するこの国会での追及を契機として、自衛隊による映画協力がその後長らく中断する顚末となった。

3　『BEST GUY〈ベストガイ〉』（一九九〇年）

監督：村川透
主演：織田裕二、古尾谷雅人
製作：東映、三井物産、ウィングス・ジャパン・インク、東北新社

配給収入：二・三億円
協力：千歳 第2航空団、当別 第45警戒群、三沢 第3航空団、松島 第4航空団、百里 第7航空団、立川 航空医学実験隊、入間 中部航空警戒管制団、小牧 第5術科学校、岐阜 第2補給所、飛行開発実験団、小松 第6航空団、硫黄島訓練空域及び航空幕僚監部

『BEST GUY』は、『ジェットF104 脱出せよ』の公開から二〇年以上がたち、自衛隊による本格的な映画協力が再開した直後に公開された。F－15戦闘機の若きパイロットたちが、最高の栄誉である「ベストガイ」を目指す特別強化訓練を受けるなかでの、友情、ライバル争い、恋愛などの人間模様を描いた青春映画である。

本作は、第10章で扱うトニー・スコット監督『トップガン』を強く意識した、〝日本版トップガン〟といえる。『トップガン』では、この作品で一躍トップ俳優となったトム・クルーズがF－14戦闘機のパイロットを演じたことから、アメリカでも日本の航空自衛隊でも一時期パイロット志願者が急増した。

防衛省によれば、「ベストガイ」とは一九八七年七月から八九年六月までの時期に正式に決定・認可されていた名称である。当時の米川忠吉航空幕僚長は、インタビューで『BEST GUY』の現実的広報効果に期待している旨を発言している。一方、『BEST GUY』の長谷川安弘プロデューサーは「決して自衛隊のPR映画ではない」と話していることから、いわば「東映と航空自衛隊の双方の〝思惑〟が重なり合って実現した」作品といえるだろう。村川監督が「自衛隊の撮影部と綿密に打ち合せをして、こちらの欲しい絵を細かく指示して撮ってもらった。パイロットにも、こういう飛行シーンを作りたいって、無理難題

をお願いしてるんですよ（笑）」と話すように、訓練飛行一回で三〇〇万円とされたF－15戦闘機の飛行シーンがふんだんに盛りこまれている。

本作には「思いっきりF－15のコンバットシーン、撮らせてもらうわ！」「日本の自衛隊なんてダッサいとこだと思うの。おいしいとこだけしっかりもらって帰ればいいの」というヒロインのセリフがあり、自衛官から「これからは約束通り、事前にプランを通してやってもらいます」などと釘をさされるシーンがある。これは、本作の撮影チームと自衛隊との実際のやりとりを思わせる。なぜなら防衛省への調査によると、少なくとも当時の防衛庁は本作の二二シーンに対して修正要求をしたのに対し、製作側は若干の譲歩を見せつつも、そのうちの約三分の一には「このまま撮影したい」と回答しているからだ。

自衛隊による映画協力が再開されたのはバブルの絶頂期であり、社会的にはまだ左翼的風潮が残っていた時代だった。こうした背景から自衛官の確保は困難をきわめ、危機感をつのらせた自衛隊の人事は〝魅力化計画〟を打ち出して、広報方針も転換したとされる。本作は、一九九〇年二月から七月までロケハンおよび撮影が実施されており、ストーリーや制作過程に見られる自衛隊に対する「強気」な態度は、この時代の空気を反映したものだったといえるだろう。

4　『空へ～救いの翼　RESCUE WINGS～』（二〇〇八年）

監督：手塚昌明

主演：高山侑子、渡辺大
製作：ファーストピクチャーズ、角川映画、北日本海事、ヴィジョンウエスト、アミューズソフトエンタテインメント、産経新聞社
配給収入：〇・四億円（観客動員：約三万二〇〇〇人）
協力：大臣官房広報課、航空幕僚監部広報室、海上幕僚監部広報室、小松救難隊、浜松救難隊、百里救難隊、救難教育隊、第6航空団、第1航空団、小松基地、浜松基地、百里基地、海上自衛隊　横須賀地方総監部、第51航空隊、第21航空隊、第73航空隊、護衛艦「はるさめ」

本作は、バンダイビジュアル製作の「レスキューウイングスシリーズ」としてテレビアニメ、マンガ、小説とメディアミックス展開されたなかの実写映画である。主人公は戦闘機パイロットではなく、航空救難団のヘリコプター操縦士である。
「今回は全て自衛隊基地の話みたいになってしまったので、自衛隊の方々の協力がなかったら、この映画は出来なかった」と手塚監督は回想する。「山岳救難の場面で、自衛隊の方が『（撮影場所）どこがいいですか？』と聞いてくださった」「高山君が走っているシーンの撮影は、直線で3キロある滑走路の端だったんですが、F－15の着陸とタイミングが合わなくて、何度も撮影しました」などの手塚監督の発言から、協力がかなり大規模だったことがわかる。映画のクライマックスでは、海上自衛隊のヘリコプターにエスコートされた航空自衛隊航空救難団のUH－60Jが、海上自衛隊護衛艦「はるさめ」に着艦する。別の自衛隊同士がこのように一つのシーンで大規模に協力しているのはかなりめずらしい。二〇一一年に行

った手塚昌明監督へのインタビュー調査によると、土日に救難隊の宿舎を使用させてもらい、Ｆ－15の飛行シーンは専属の撮影カメラマンが撮ったということである。

こうした大規模な協力が行われた背景の一つには、主演女優である高山侑子の個人的なエピソードが大いに貢献していたようだ。撮影中にまだ一五歳だった高山の父親は、実際の救難隊員として二〇〇四年の新潟中越地震にも出動していたが、その翌年に訓練中の墜落事故で殉職しているのである。撮影を行った基地には故高山曹長を知っている隊員が多数いて、「高山のためなら頑張ります！」という隊員も大勢いたといわれ、作品の監修に携わった浜松救難隊の高尾義博隊長は、特別出演としてヒロインの父親役で登場している。

第1章で触れたように、本作は興行的には惨憺たる結果であった。防衛省の資料によれば、二億円の予算で興行収入はわずか〇・四億円であり、「これまで防衛省・自衛隊が協力した劇場用映画の興行成績と比較すると桁違いに低い数字であり、興行的には結果として失敗作であったと言わざるを得ない」と報告されている。失敗の大きな原因として、製作委員会に加わっていたファーストピクチャーズが製作途中で倒産し、資金繰り自体が途中から困難になっていた、という製作側の問題があった。これにより角川映画が宣伝や配給からかなり手を引いてしまい、当初全国一五〇館での上映予定が五六館でしか公開されなかったということだ。

この教訓から、自衛隊の映画協力の内部基準として「製作サイドからの協力依頼の段階において、広報効果の観点から配給力や上映館数についても厳正に確認し、製作協力を行う際の判断項目の一つとする」

ことが追加された。また「宣伝広告についても専門外ということで静観していたが、この点についても、配給会社や宣伝会社に対する越権行為とならない範囲において、適宜積極的な展開を申し入れていく」方針に変更されたことが、防衛省への調査で判明している。

さらに本作にとっての大きな痛手として、公開の約二か月前に防衛省を大きく揺るがす「田母神《たもがみ》問題」が起こったこともあげられるだろう。当時航空幕僚長としてトップにいた田母神俊雄が、政府の公式見解である村山談話を「自虐史観」とみなす、いわゆる田母神論文で民間の論文賞をとり、大きな社会問題となった事件である。田母神は即座に更迭され、その主張は公的には完全に否定されはしたものの、その余波は非常に大きく、とても航空自衛隊の映画を宣伝する社会的空気ではなかった。田母神は、幕僚長時代に「広報は平時における戦い。広く国民に知ってもらうことが大事」というポリシーから積極的に広報活動を展開していた。その最大の目玉が『空へ～救いの翼　RESCUE WINGS～』だったわけだが、自らその広報効果と価値を貶める結果となったといえよう。

とはいえ、「作品全体を通じて自衛隊の業務をここまでリアルに描いた作品は無く、特に、日頃脚光を浴びることの少ない救難部隊の実像を正しく国民に発信できる広報媒体となったことから、この点では画期的な作品でもあった」と防衛省内では評価されている。いずれにせよ、本作は防衛省や航空自衛隊にとって良くも悪くも貴重な作品となったのである。

第3章　怪獣映画①――『ゴジラ』

本章では、七〇年にわたって続く日本を代表する怪獣映画である『ゴジラ』シリーズを扱う。『ゴジラ』シリーズの「東宝自衛隊」は、その役割を少しずつ変化させながら生きつづけてきた。大泉実成は、「ゴジラとの戦いは、自衛隊にとって〝聖戦〟」であるとし、「たとえそれが映画のなかのことだとしても、自衛官がバシバシ人を殺す場面はまずい」という抑制が働くために、「自衛隊がまともに実戦するシーン」があるのは「〝ゴジラ映画〟だけ」であると指摘している。第４章で扱う「平成ガメラ」以降、「自衛隊がまともに実戦するシーン」は確実に増えてきているが、『ゴジラ』シリーズが担ってきた自衛隊広報の役割は、今も健在である。

1　『ゴジラ』（一九五四年）

監督：本多猪四郎《いしろう》
主演：宝田明、河内桃子

製作：東宝
配給収入：一・五億円（観客動員数：九六一万人）
協力：（海上保安庁）

自衛隊が発足した一九五四年七月一日の約三か月後に、水爆実験の放射能の影響で巨大化した恐竜という設定の『ゴジラ』が公開された。まだ広島と長崎に落とされた原爆の記憶が生々しく残っており、同年三月一日には、第五福竜丸がアメリカの核実験によって被曝するという大事件があった時代である。

『ゴジラ』シリーズに関する研究を行ったウィリアム・M・ツツイは、こうした背景から「全編にわたって、過去の戦争の記憶や、これから起こりうる戦争に対する不安が複雑にからみあって表現されている」と述べている。五十嵐惠邦《よしくに》もまた、『ゴジラ』と戦争との関係性に注目し、『ゴジラ』の「語り」が「現実の破壊を引き起こした国、アメリカの名前を消し去ってしまう」と指摘している。好井裕明も「原爆映画」の事例として『ゴジラ』をあげている。

冒頭では、「賛助　海上保安庁」と大きくテロップが出るが、自衛隊もしくは保安隊の文字はない。しかし作中では「防衛隊」という組織がゴジラと闘っており、第1章で述べた法的整備以前であるが、登場する戦車や戦闘車両などから判断しても、自衛隊の協力は明らかである。

2　『ゴジラVSビオランテ』（一九八九年）

図3　『ゴジラVSビオランテ』

DVD発売中　2,750円（税込）　発売・販売元：東宝　©1989 TOHO CO., LTD.

監督：大森一樹
主演：三田村邦彦、田中好子
製作：東宝
配給収入：一〇・四億円（邦画ランキング第九位）
協力：防衛庁

本作は、『ゴジラ』シリーズとしては第一七作目、平成になって公開されたいわゆる「平成ゴジラ」シリーズ最初の作品であり、二〇年近く続いた協力中断期後初の自衛隊協力映画である。大森監督はこの作品を「いわばポリティカル・フィクション・サイエンスもの」と位置づけており、以下のようなコメントから自衛隊の協力がそのリアリティに大いに貢献したことは間違いない。

自衛隊が全面協力してくれて、戦車、ヘリコプターと、ふんだんに出てくるし、スケールが大きい。

（略）自衛隊の移動指揮所が随所に出てくるが緊迫感があって、なかなかのもの。ちゃんとした指揮所もあって、移動（指揮所――引用者註）より一〇倍ぐらいのセットを建てた、贅沢に……。

自衛隊がゴジラと互角に勝負していく本作のストーリーは、「やられ役」に徹していたゴジラシリーズのなかでもめずらしく、その後の『ゴジラ』作品に影響したと考えられる。

本作の宣伝は、以下のようにかなり大がかりであった。「TVプロモーションとしては、日本テレビ、読売テレビなど10局で『ゴジラ』（昭和25年版）『キングコング対ゴジラ』『モスラ対ゴジラ』など旧作を30回」にわたってオンエアし、さらには「TV50番組、雑誌180誌でのパブリシティ露出、14万枚の割引券配布、三田村邦彦、田中好子ら出演者とゴジラによる、巨人軍ファン感謝デーでの始球式、日劇東宝、梅田劇場での完成披露試写会」など、「日夜賑やかに『ゴジラVSビオランテ』の話題が取りあげられた」。自衛隊による本格的な映画協力再開第一作に対するこれらの華々しい宣伝は、その後の映画協力の発展を暗示するものであった。

3 『ゴジラ2000 ミレニアム』（一九九九年）

本作は、日本版『ゴジラ』シリーズとしては第二三作目にあたる。自衛隊の出動命令や出動要請のシーンが三回も登場するように、設定や演出には第4章で詳述する平成『ガメラ』の影響が強く見られる。

図4　『ゴジラ2000 ミレニアム』

DVD発売中　2,750円（税込）　発売・販売元：東宝　©1989 TOHO CO., LTD.

監督：大河原孝夫
主演：村田雄浩、阿部寛
製作：東宝
興行収入：一六・五億円（邦画ランキング第六位）
協力：防衛庁　長官官房広報課、陸上幕僚監部、航空幕僚監部、陸上自衛隊　東部方面総監部、富士学校、施設学校、武器学校、需品学校、第1師団、東部方面航空隊、航空自衛隊　第2航空団、幹部学校

　実際の自衛隊の治安出動には、内閣総理大臣からの「命令による治安出動」と都道府県知事からの「要請による治安出動」の二種類がある。「命令による治安出動」は、自衛隊法第七八条の「内閣総理大臣は、間接侵略その他の緊急事態に際して、一般の警察力をもつては、治安を維持することができないと認められる場合には、自衛隊の全部又は一部の出動を命ずることができる」という一文に準拠している。また、「要請による治安出動」は自衛隊法第八一条に準拠し、「都道府県知事は、治安維持上重大な事態につきやむを得ない必要があると認める場合には、当該都道府県の都道府県公安委員会と協議の上、内閣総理大臣に対し、部隊等の出動を要請することができる」とある。この場合も、実際に自衛隊に出動を命じるのは内閣総理大臣である。

　このように自衛隊の実際の出動は、必ず法律に則って行われる。再開期以降に自衛隊が協力した『ゴジ

ラ』や『ガメラ』では、その出動命令あるいは要請シーンを律儀に挿入することで、自衛隊が勝手な判断で出動することはないことが、くどいほどに強調されている。防衛省への調査によれば、「現行法等に基づき、国家の危機に対処する防衛庁・自衛隊について努めて事実に則して描く」という精神からこのような演出となっており、階級を飛び越えて一人の自衛官が出動や攻撃などの重要な判断を下すようなシーンは、特に厳重にチェックされて修正されるということだ。

出動シーン以外でも、本作では自衛隊の専門用語が厳しくチェックされた。もともとのシナリオにあった「自衛隊基地」は「自衛隊駐屯地」、「兵」は「隊員」、日本語だった戦闘機パイロットのセリフは英語へとそれぞれ修正されている。さらに、ストーリーに関しても重大な指摘がなされたようだ。事前のシナリオでは、自衛隊が実施する作戦が二つとも失敗することになっていたのだが、「この問題への対応がなされない限り、協力の判断をしかねる」と東宝に回答されており、その要望どおりに変更がなされたのである。

当時の山本幹二一尉は、本作品製作中に日米の『ゴジラ』作品を比較した「『GODZILLA』と『ゴジラ』」と題したエッセイのなかで、次のように述べている。

私自身が面白さを感じたのは、もっと違うところにある。

それは『GODZILLA』における米軍の役割にある。米軍が映画の中で強いのだ。当初は、GODZILLAに振り回され、蹂躙されたりもするが、最後にGODZILLAにとどめを刺すのは米軍のミサイルである。映画を見ていると、米国人は「米軍に強くあって欲しい」「米軍は最強でなければならない」と考えているのがひしひしと伝わってくる。これは『GODZILLA』だけでなく、最近のアメリカ映画を見ているとよく感じることである。

一方、日本の自衛隊はというと、映画の中では決して強くはない。自衛隊は常にもろい存在として描かれている。『ゴジラ』の映画の中では、踏みつぶされるだけで、ゴジラにトドメなど刺したのを見た記憶はない。他の怪獣映画にしても同様である。

第10章で述べるように、ハリウッド映画で強い米軍が描かれるのは、ペンタゴン（国防総省）の強い意向と関与があるからであり、「米軍は最強でなければならない」と考えているのは「米国人」というよりは「国防総省」である。そもそも、この文章が書かれた時点で公開されていた『ガメラ』シリーズでは、自衛官が主人公となって戦闘を繰り広げ、その影響もあって『ゴジラ』シリーズでも「強い自衛隊」が描かれるようになってきていたので、この指摘がすべて正しいとはいえない。しかし重要なのは、現役自衛官が「自衛隊は映画の中で常にやられるばかりだ」という印象を持っているという事実なのである。「いつか、自衛隊がゴジラをやっつける日は来るだろうか」と嘆く声が、自衛隊協力映画のストーリーに陰に陽に影響しているといえるのだ。

調査によれば、本作には戦車二〇両、ミサイルを装着したAH－1Sヘリコプター六機、多目的ヘリコプター三機、トラック五台、ジープ二台、装甲車一台などが登場し、約二〇日間にわたって協力が行われた。

4　『ゴジラ×メカゴジラ』（二〇〇二年）

図5　『ゴジラ×メカゴジラ』

DVD発売中　2,750円（税込）　発売・販売元：東宝　

監督：手塚昌明
主演：釈由美子、宅麻伸
製作：東宝
興行収入：一九・一億円（邦画ランキング第八位［同時上映された『とっとこハム太郎　ハムハムハムージャ！幻のプリンセス』との合算］）
協力：防衛庁　長官官房広報課、陸上幕僚監部広報室、海上幕僚監部広報室、航空幕僚監部広報室、陸上自衛隊東部方面総監部、富士学校、第1師団、第1ヘリコプター団、海上自衛隊　護衛艦隊、護衛艦「はたかぜ」、第4航空隊、第51航空隊、横須賀地方隊

本作は、『ゴジラ』シリーズ第二六作目にあたる。防衛省への調査によれば、前作『ゴジラ・モスラ・キングギドラ　大怪獣総攻撃』（二〇〇一年）でも協力が打診されていたが、憲法第九条を改正した「防衛軍」が事前シナリオに登場していたために、実現に至らなかったという。

本作の最大の特徴は、主人公が女性自衛官であることだ。手塚監督は、前々作『ゴジラ×メガギラス

G消滅作戦』（二〇〇〇年）でも女性自衛官をヒロインにしている。第8章で扱う二〇〇〇年公開の『守ってあげたい！』も女性自衛官が主役であり、「戦うヒロイン」という設定自体も特にめずらしくないが、歴史ある『ゴジラ』シリーズにおいて女性自衛官が主人公となるのは画期的だったといえるだろう。

ヒロインを演じた釈由美子には猛特訓が課せられた。釈はインタビューで「撮影中も朝霞の駐屯地に訓練に行くというスケジュールがいっぱい組まれていて、筋肉痛になりながら翌日撮影に行くということもありました。何でここまでやるんだろうって、正直泣きそうになったりもしたんですけど、結果的にはあの苦しい訓練があったからこそ、例えば動きだけではなく精神からも役に入り込むことができたような気がします」と語っている。このように俳優が自衛隊で訓練することで、彼／彼女は単に自衛官としての所作や制服の着方などを覚えるだけでなく、精神的にも自衛官となってスクリーンに登場するという点で、非常に大きな効果がもたらすのである。

手塚監督は、「なぜかゴジラというのは、その時々の世相を反映しちゃうんです。『ミレニアム』のときは原発事故（一九九九年九月三〇日に起きた東海村ＪＣＯ臨界事故のこと――引用者註）が起きて、『メガギラス』のときは中部地方で大洪水があり、『ＧＭＫ』では9・11、そして今回は不審船サルベージなど北朝鮮問題とか……」と語っている。同時代史との関連は第11章で詳述するが、「有事防衛のための機龍＝メカゴジラという設定は、今の緊迫した社会情勢を彷彿とさせる」ものだったのである。

調査によれば、90式戦車四両、75式自走多連装ロケット発射機一両、88式地対艦誘導弾一両、73式装甲車三両、82式指揮通信車三台、87式偵察警戒車一台、軽装甲機動車一台、高機動車三台、73式大型トラック五台、73式中型トラック五台、73式小型トラック五台、化学防護車一台、化学防護服着用の隊員四名、などが自衛隊から提供されている。このように、地下鉄サリン事件で注目された化学防護服の隊員が、『ガメラ2　レギオン襲来』(第4章)同様に本作でも登場した。

5　『シン・ゴジラ』(二〇一六年)①

図6　『シン・ゴジラ』

Blu-ray&DVD発売中　Blu-ray：5,280円(税込)　DVD：4,180円(税込)　発売・販売元：東宝

監督：庵野秀明(総監督)、樋口真嗣(監督・特技監督)
主演：長谷川博己、竹野内豊
製作：東宝映画、シネバザール
興行収入：八二・五億円(邦画ランキング第二位)
協力：防衛省、大臣官房広報課、陸上自衛隊：陸上幕僚監部広報室、東部方面総監部広報室、朝霞駐屯地、練馬駐屯地、立川駐屯地、木更津駐屯地、富士学校、駒門駐屯地、練馬駐屯地：第1師団、第1師団司令部付隊、第1師団司令部広報班、第1普通科連隊、第1後方支援連隊、第1通信大隊、第1偵察隊、第1特殊武器防護隊、第1戦車大隊、練馬駐屯地業務隊、立川駐屯地：東部方面航空隊本部、東部方面航空隊本部付隊、東部方面航空隊東部方面ヘリコプター隊、東部方面航空隊東部方面管制気象隊、東部方面航空隊東部方面航空野整備隊、第1飛行隊、立川駐屯地業務隊、第431会計隊、東部方面通信群第305基地システム通信中隊　立川派遣隊、第126地区警務隊　立川連絡班、東部方面通信群本部

中隊映像写真小隊空中伝送班、木更津駐屯地：第1ヘリコプター団第1輸送ヘリコプター群、第1ヘリコプター団特別輸送ヘリコプター隊、東部方面航空隊第4対戦車ヘリコプター隊、明野駐屯地、富士学校、海上自衛隊：海上幕僚監部広報室、横須賀地方総監部、館山航空基地、厚木航空基地、第4航空群第3航空隊、第21航空群第21航空隊、第6護衛隊、護衛艦「たかなみ」、護衛艦「おおなみ」、護衛艦「てるづき」、護衛艦「きりしま」、護衛艦「いずも」、輸送艦「おおすみ」、航空自衛隊、航空幕僚監部広報室、三沢基地：第3航空団、監理部渉外室　広報班、第3飛行隊、第8飛行隊、武器小隊、航空保安管制群　三沢管制隊、入間基地：中部航空警戒管制団、監理部基地渉外室　広報班、第2輸送航空隊、第402飛行隊

ゴジラシリーズの第二九作目にあたり、日本の製作としては約一二年ぶりのゴジラ作品となる。製作委員会方式が当然となった邦画にはめずらしく、東宝の看板作品であるゴジラシリーズでは一社のみでの製作が続いている。

本作でまず大きな話題となったのは、自衛隊の戦車や戦闘ヘリコプターによる攻撃が克明に描写されていたことだった。自衛隊は本作までに七本のゴジラ作品に協力しているが、実際の最新整備がこれほど詳細に描かれたことはない。ちなみに海上保安庁や東京消防庁も本作に協力しているが、エンドロールのクレジットは自衛隊の詳細な部隊名の記述とは比べものにならないくらいシンプルなものだった。

また、自衛隊のほうでも「この今を、未来を、守る。」というキャッチコピーで本作を自衛官募集のポスターに起用したこともめずらしい（図7）。このように本作と自衛隊との相互依存関係が、批判を含めてメディアを賑わせたのである。

図７　自衛官募集のポスター

筆者撮影

以下、劇場用パンフレットに記載されたストーリー上での自衛隊の活動をいくつか記述すると、

「三沢基地から戦闘機F－2、木更津駐屯地からAH－1S、立川駐屯地から戦闘回転翼航空機AH－64Dが発進した。多摩川河川敷に機甲科と特科大隊が集結し、武蔵小杉駅上空に対戦車ヘリ中隊が待機する」

「10式戦車、99式自走155㎜榴弾砲などの地上部隊がゴジラに直接攻撃を始め、富士駐屯地からも自走発射機M270 MLRSが砲弾を浴びせる」

というように、非常に具体的な描写となっている。さらにパンフレットのストーリー紹介にすら、各攻撃内容の進展ごとに内閣総理大臣による武器使用許可、武器の無制限使用の決断などを明記して法令遵守をアピールするという念の入れようだった。

　また、自衛隊をメインとする『シン・ゴジラ』特集本が何冊も発売されたことも、これまでのゴジラ作品にはない現象である。これらはいずれも自衛隊の装備や攻撃が現実的に機能するか否かを検証するような内容となっており、現在日本が実際に所有している武器をこれほどまでに一般国民が話題にしたのは、戦後初めてのことだったのではないか。しかも「嬉々として」その専門的な情報を「消費」する風潮は、これまでは一部マニアにしか見られないものだったが、それが社会現象といえるほどまでに浸透、拡散したことが本作の大きな特徴の一つだろう。

さらに、主要登場人物のほとんどが政治家や官僚であり、ゴジラへの対応をめぐっての政府・官邸の奮闘がドラマの中心となっていたことも注目される。前述のように、一九九五年公開の『ガメラ』以降は、内閣総理大臣による自衛隊出動決定を示すシーンを入れることが慣例となっていたが、おそらく「おもしろくない」という前提のもとにあっさりとしか描かれてこなかった閣議シーンそのものをストーリーの中心としたのは、庵野監督によるコペルニクス的転回であった。

このように東京近郊が舞台となることで、ストーリーでは「地方」が捨象されていたといえる。新聞記者が「ここでも地方は後回しですか」とつぶやくシーンがあるが、それは『シン・ゴジラ』という作品のスタンスそのものである。この背景にある「東京＝国家」という論理を、首都圏「トーキョー（東京）」と「ニッポン（国家）」を事実上イコールで結ぶ「トーキョー・セントリズム」と本書では定義したい。本作での東日本大震災の描写は、このトーキョー・セントリズムという概念のもとに構成された「ナショナルな記憶」を映像化したものだったといえる。そしてその「トーキョー」を「ニッポン」に重ねるまなざしには、明らかに権力側からのナショナリズムの企図との親和性が存在し、多分に歪んだ集合的記憶と結びついていく。

『シン・ゴジラ』のキャッチコピーは「現実対虚構。」であり、「現実」には「ニッポン」、「虚構」には「ゴジラ」というルビが振られていた。しかし実情は、東京を含む東日本全体を放射能で汚染した「ゴジラ」こそが「現実」であり、その汚染に目をつぶってオリンピック開催まで勝ち取った「ニッポン」こそが「虚構」ではないのか。本作で描かれなかった地域、すなわちゴジラが現れなかった東京以外の日本のほとんどの地域は「地方」であり、そこはある意味「ニッポン」ではなかったのである。そもそも国家政策として東京電力が福島に原発を建てたことに象徴されるように、トーキョー・セントリズムは地方にとって排除と搾取の論理でしかない。

本作は、二〇一一年三月一一日に起きた東日本大震災における津波と原発事故を意識した、いわゆる「ポスト3・11映画」と称される映画に分類される。他の有名な作品としては、本作の約一か月後に公開された新海誠監督による長編アニメーション映画『君の名は。』がある。一六年邦画ランキングで断トツの一位となった『君の名は。』の興行収入は、二四年三月現在で日本の歴代興収三位となる二五一・七億円に達している。公開当時、これら二本の作品と東日本大震災との関係については、研究者・評論家から一般の観客まで多くの言説がマスコミやネット上にあふれかえった。たとえば本作に関しては、ゴジラが東京湾から川を遡上するときの様子が津波を想起させ、放射能に汚染された東京の状況やゴジラへの政府の対応などが福島第一原子力発電所事故を連想させる、という声が多数あった。

震災から五年以上がたち、ようやく製作側も観客側も「3・11」をある程度客観視できるようになった時期であった一方、個人個人の震災の記憶が、他者によって構成された「ポスト3・11映画」という、いわば擬似的な記憶によって脱文脈化／再文脈化される時期になっていたともいえるだろう。加えて『シン・ゴジラ』については、「ポスト3・11自衛隊協力映画」であることに大きな意味がある。六〇年以上の歴史を持つ『ゴジラ』は、間違いなく日本の国民的《ナショナル》な映画である。そしていうまでもなく、東日本大震災は今でも日本を揺るがしつづけている国家的《ナショナル》な事件だった。さらに国家の実力組織である自衛隊が大規模に協力した本作は、エリック・ホブズボームの言葉を使えば、明らかにナショナルな「記憶の場」であり「歴史の場」であるといえるだろう。つまり本作は、東日本大震災を直接・間接に経験した日本に住む一人一人の「記憶」を微妙に揺るがし、ナショナルな「歴史」の支配に荷担するのである。

「ポスト3・11自衛隊協力映画」としての『シン・ゴジラ』は、この「記憶」と「歴史」の問題を体現する好例の一つである。本作では、自衛隊の出動・作戦を含むゴジラへの対応を決定する閣僚たちの奮闘というストーリーのもとに市民が捨象され、トーキョー・セントリズムのもとに「地方」が捨象されていた。研究者・評論家から一般の観客までマスコミやネット上にあふれかえった本作に対する「熱狂的な賞賛」には、このような「無名の市民の捨象」を懸念する声は見られない。この事実は、非常時には国家の決定に粛々と従うことへの批判が存在しないことを示しており、自衛隊による協力そのものよりもむしろ問題は大きいだろう。こうした点でも、本作は自衛隊協力映画の集大成とみなすことが可能である。

本作はアジアでは不評、北米での興収は約二・一億円、ヨーロッパで唯一公開されたスペインではなんと興収九一万円だった。この事実は、本作に見る現代日本の閉塞性とポピュラー文化に展開するナショナリズムの深刻さを物語っている。これは、ゴジラシリーズ第三〇作目かつ「ゴジラ生誕七〇周年記念作品」として二〇二三年に公開された、山崎貴監督『ゴジラ-1.0』とみごとな対象をなしている。この作品への自衛隊の協力は、資料提供のみである。『ゴジラ-1.0』は、二四年四月二一日現在での国内興行収入は七四・五億円と『シン・ゴジラ』に及ばないが、同月開催の第九六回米国アカデミー賞では邦画・アジア映画史上初の視覚効果賞を受賞、世界興行収入は一四〇億円を超えた。世界的な大ヒットとなった『ゴジラ-1.0』は、戦後すぐという設定だったこともあり、ゴジラシリーズ名物の「東宝自衛隊」が登場しなかった。これは、長年ゴジラと対決／協力してきた自衛隊にとって大変皮肉な結果であろう。

〔註〕

（1）本節は、須藤遙子「「ポスト3・11自衛隊協力映画」としての『シン・ゴジラ』――「市民」と「地方」の捨象によるナショナリズム」（『唯物論研究年誌』第22号、二〇一七年、一六七－一七二頁を大幅に加筆修正した。

第４章　怪獣映画②——『ガメラ』『ウルトラマン』

本章では、『ゴジラ』と並ぶ日本の代表的怪獣映画の『ガメラ』シリーズと、ヒーローが怪獣を倒す『ウルトラマン』シリーズの劇場作品を取り上げる。

『ガメラ』シリーズは、一九六五年公開の『大怪獣ガメラ』から二〇〇六年公開の『小さき勇者たち〜ガメラ〜』まで一二作品が製作されている。このうち自衛隊協力映画に分類できるのは、本章で扱ういわゆる「平成三部作」である。

テレビシリーズで有名な『ウルトラマン』の劇映画は、一九六七年公開の『長篇怪獣映画　ウルトラマン』から二〇二四年公開の『ウルトラマンブレーザー　THE MOVIE 大怪獣首都激突』まで、四六本が製作されている。このうち自衛隊が協力した作品は、本章で扱う二本のみである。

1　『ガメラ　大怪獣空中決戦』（一九九五年）

監督：金子修介

特技監督：樋口真嗣
製作総指揮：徳間康快
主演：伊原剛志、中山忍
製作：大映、日本テレビ、博報堂
製作協力：徳間書店、徳間ジャパンコミュニケーション
配給収入：五・二億円（入場者数：約八〇万人）
協力：陸上自衛隊 第2師団第2戦車大隊、第4師団第19普通科連隊、第1師団第31普通科連隊、東部方面航空隊、高射学校、第1師団第1偵察隊、第4師団第4後方支援連隊、航空自衛隊百里基地、（海上保安庁）

ガメラ誕生三〇周年記念作品である『ガメラ 大怪獣空中決戦』（以下、『G1』）は、「平成ガメラ」第一作にあたる。大映が四億円、日本テレビと博報堂がそれぞれ一億円ずつを出資し、全体予算は六億円だった。「日本SFX界に大革命を起こした超話題作！」として、一九九五年『映画芸術』誌邦画ベスト10で第一位を獲得したが、映画の評価に反してビデオセールスを見込んでやっとペイできたようである。『ゴジラ』に代表されるこれまでの怪獣映画とは一線を画す「リアリティ」が、「平成ガメラ」の魅力とされるが、そのリアリティを担ったのは、この作品で特技監督としての地位を不動のものにした樋口真嗣の技量だけではなく、自衛隊による協力も大きかった。以下の映画評がそれをよく物語っている。

例えば、ガメラとギャオスを迎え撃つべく、F4ファントムか《ママ》発進する。F15イーグルが飛ぶ。護衛

艦群が波を切り裂く。89式戦車が砲門を開く。防衛庁、海上保安庁の協力を取りつけ、各方面隊が名を連ねたクレジットはダテではない。怪獣相手に自衛隊出動となればミニチュアと決まっていて、それが楽しみでもあった過去の作品が『ガメラ』を観た途端、色褪せた。

まずはオープニングから海上保安庁巡視船「のじま」が登場する。正式な出動命令が出されると、ガメラやギャオスに対する陸・海・空の自衛隊による総攻撃が開始されることになる。「攻撃を受けていないのに反撃は出来ない」と自衛隊の陸佐が苦しい胸の内を吐露したりする。こんな怪獣映画観た事ない。破壊のカタルシスのため、あらゆる非常識・不合理に目をつむってきたのが、これまでの怪獣映画だ。

自衛隊の任務や限界を丁寧に描く演出には、スタッフと自衛隊側とのかなり入念な打ち合わせがあったことが、以下の金子監督の談話からわかる。

自衛隊をよく見せようという意識があったからね。だからシナリオ段階で大分ディスカッションはした。自衛隊が全面協力するにあたって、向こうは本当の姿を描いてほしいっていう希望があるし、こっちもリアルに自衛隊の活動を表現したいっていう気持ちがあるから、こういう場合のシチュエーションはどういう風になるのかといった話し合いは随分やったね。

とはいえ製作側にとっては、下記のように明確に金銭的な理由が大きなウエイトを占めていた。

南里プロデューサーによる、自衛隊との協力交渉が始まっていた。これは、予算と密接に絡むことだった。なぜなら、自衛隊が協力してくれなければ、ストーリー上の自衛隊部分をこちらで新たに作りこまなくてはならなくなる。それは、新たな予算になる。（略）

予算面で考えれば、自衛隊はお役所だから営利活動はしない。つまり、協力しても、見返りは要求しない。つまり「ただ」。これはでかい。

こうした背景から、自衛隊側の要求を相当程度受け入れるのは当然であろう。それは、俳優のキャスティングにまで及んでいる。「自衛隊側から、参謀にはいかつい人じゃなくて、ソフトでカッコいい人を使ってほしいという希望」があったために、「残忍な帝国軍人を実にリアルに演じていた」渡辺哲を当初予定していたが、「これまでの自衛隊のイメージを、ずいぶんと変えたかもしれない」長谷川初範を起用することになったのである。

多数の自衛隊協力映画を監督している手塚昌明によれば、この『G1』以降は自衛隊からの注文が細かくなり、「こうやったらリアルですとか、こんなシチュエーションはありえませんとか、防衛庁から返ってきた資料をもとに脚本を直す」というのが通例となっていく。また、一九八九年以降に公開された『ゴジラ』シリーズ四作品の監督や脚本を務めた大森一樹も、「隊員の動作や階級、組織を現実に即してとうるさくなった」と振り返り、「出動前に閣議決定の場面が入らないと協力は難しいといった要望もあった」と証言している。

陸上自衛隊、海上自衛隊と比べて、航空自衛隊に対する『G1』への協力交渉は多少手間取ったとされるが、それは以下の理由からである。

陸自は戦車が怪獣に破壊されても「まあ、そうでしょうな」と、納得してくれるが、空自は、航空機が破壊、墜落という表現に対しては、ナーバスである。
現実に戦車が爆破・破壊される、というのは、実際の戦場とか、とんでもない事態の時にかぎられるが、飛行機が落ちるというのは、平時でも、充分あることだからである。

金子監督自身が「自衛隊の行動原理を正確に描いた最初の怪獣映画になった」と評するように、『G1』における自衛隊の役割は非常に大きかったが、主人公は海上保安官だった。それが次の『ガメラ2 レギオン襲来』になると、自衛官が主人公として登場することになる。

2　『ガメラ2　レギオン襲来』（一九九六年）

監督：金子修介
特技監督：樋口真嗣
製作総指揮：徳間康快
主演：永島敏行、水野美紀
製作：大映、日本テレビ、博報堂、富士通、日本出版販売
配給収入：七・一億円（入場者数：一〇〇万人）
協力：陸上自衛隊　北部方面総監部、北部方面総監部付隊、北部方面通信群、北部方面航空隊、第11師団司令部、第11師団司令部付隊、第11師団第11施設大隊、東北方面総監部、第6師団第22普通科連隊、東部方面総監部、東部方面総監部付隊、東部方面航空隊、第4対戦車ヘリコプター隊、第1師団司令部、第1師団司令部付隊、第1師団第1普通科連隊、第1師団第31普通科連隊、第1師団第1偵察隊、第1師団第1対戦車隊、富士学校戦車教導隊、富士学校特科教導隊、第1ヘリコプター団、第301写真中隊、化学学校、海上自衛隊第21航空群、海上自衛隊護衛艦「うみぎり」、航空自衛隊第7航空団、航空自衛隊第3航空団、航空自衛隊第5術科学校

シリーズ化が決定した「平成ガメラ」の第二作目『ガメラ2　レギオン襲来』（以下、『G2』）は、前作公開からわずか一年半後に公開された。自衛官を主人公とし、悪の怪獣を倒す強い自衛隊を描く内容は、

マスコミでもかなりの話題となった。たとえば、『読売新聞』は「海外派遣、災害救助…変わる社会の視線」「薄れゆく『偏見』　協力要請も続々」という見出しで『G２』を特集、『朝日新聞』では「自衛隊へンシ〜ン　映画『ガメラ２』でイメチェン作戦」「脚本にも注文　存在感を主張」としてかなりのスペースが割かれている。『東京新聞』では、「映画『ガメラ２』自衛隊ハッスル」「冷戦終わり…仮想敵は怪獣?」の見出し、『毎日新聞』では「自衛隊が守ってくれるよ」「怪獣が来ても大丈夫」という記事が掲載されている。さらに『産経新聞』では「平成の自衛隊」というコラムシリーズの一一回目として『G２』が取り上げられ、「撮影に協力、しっかりPR」という見出しがつけられた。

まずこれらの記事に共通するのは、これまでは怪獣にまったく歯が立たなかった自衛隊が、本作ではリアルな戦闘シーンを展開し、怪獣に勝つ組織として描かれたことへの驚きである。「怪獣が戦闘機をたたき落とす場面をシナリオに入れないよう（防衛庁が――引用者註）要請する一方、ミサイルで攻撃を受けた怪獣が傷つくなど、自衛隊の強さも強調された」というように、マスコミの報道では防衛庁による脚本への関与に触れつつも、それを批判するというよりは、リアリティを追求した演出側と防衛庁の双方の姿勢のほうに関心が向けられていた。つまり、「政治課題の有事への対処行動のリアルな描写」が特にマスコミの目を引いたのである。さらに新聞各紙で共通して指摘されていたのは、「海外派遣や阪神大震災での救援活動によって、自衛隊を見る目も変わった⁉」という記事のように、冷戦終結後に行われた実際の自衛隊の活動と今回の映画協力との関連性である。また、『G２』の主人公が、『G１』公開直後の一九九五年三月二〇日に起こった地下鉄サリン事件で注目された「陸上自衛隊化学学校」の二佐という設定にな

表６　防衛庁が『G2』に期待した自衛隊のイメージ

全般		普段，一般には目に触れ難い隊員の活動風景や装備品の紹介を通じて，鑑賞者に，ありのままの自衛隊を認識してもらうとともに，緊急事態に際しては，自衛隊が全力を持って事態収拾にあたる姿をイメージづける。
留意事項	法との関係	•超法規的な自衛隊の運用は避け，たとえ緊急時においても遵法的な自衛隊のイメージを与える。 •銃等火器の使用については，あくまでも命令により行ない，統制の執れた厳正な火器の使用をイメージさせる。
	自衛隊の能力	•現状の能力相応のイメージを与え，「何でも屋」，「スーパーマン」的な扱いを避けるとともに，装備品の紹介については過大評価となるイメージを避ける。 •生物との戦闘においては，自衛隊が残虐な組織に映らないようにする。
	職場（仕事）のイメージ	厳しい訓練，厳正な規律，現場の緊張感などと同時に暖か味のある職場を紹介し，やりがいのありそうな職場をイメージさせる。
	隊員の素顔	隊員個人の強い使命感や人間味など，努めて良い印象をイメージさせる。
方針		上記のイメージ付けを達成するため，防衛庁の教育訓練等に大きな支障を生じない範囲で，主導的に撮影するための便宜を供与する。
指導要領		シナリオ作成の段階から積極的に内容に意見し，上記イメージ付けに見合うシナリオの調整及び完成以前における仮編集作品の点検を行う。
		防衛庁施設内における協力については，努めて教育訓練の場の取材に便宜を図る。
		防衛庁施設外における協力については，通常実施している教育訓練等の取材を除き，技術的指導や物品の貸出しにより協力を行う。

っていることに触れる記事もあった。

『G２』では、陸・海・空すべての自衛隊が協力している。一分三〇秒にわたるオープニングタイトルのバックは、雪の中を出動する陸上自衛隊の装甲車両の映像だった。防衛省への調査によると、「自衛官が主役となる」ことと「ガメラ（善）と自衛隊（善）が協力して宇宙から飛来した生物レギオン（悪）から日本を守る物語」という二点が評価され、作品への協力が実現されたという。この作品を通じて「一般人に与えるべきイメージ像」として防衛庁側が規定した事項は、表6のようにかなり細かい。

この表6でわかるように、『G2』では『G1』以上に、自衛隊の任務が現実に即して丁寧に描かれることになった。特に官房長官のセリフは、「『我が国の基本的な生存権の重大な危機』と声明を発表。憲法9条に許容される自衛権発動の3要件（①急迫不正な侵害　②他に適当な手段がない　③必要最小限度「の実力行使――引用者註」にとどめる）ことをわざわざ読み上げて防衛出動決定を国民に知らせるなど、有事対応のプロセスも描いている」という点で特筆に値する。

また、自衛隊のイメージに対する配慮も非常に細かい。自衛隊を「何でも屋」や「スーパーマン」的に描写して、過度に信頼させたりヒーロー化したりするのを敬遠する一方で、強さをアピールするあまりに冷徹で残虐な組織に映らないような配慮も要求している。「やりがいのありそうな職場をイメージさせる」というのも、自衛官募集に苦労している背景が垣間見えて興味深い。さらには、主人公である自衛官個人の「素顔」としての使命感や人間味までも盛り込もうとしていた。

金子監督自身が、主人公の自衛官を「ヒーローとしてきちんと描こう」としたと語っており、脚本の伊藤和典も、『G2』において『G1』以上に自衛隊が重要なポジションを占めたことを以下のように説明する。

前作では、自衛隊が汚れ役というか、わりと損な役回りだったので、今度はおいしいところを持ってもらおうというのがひとつあるんです。それとこれまで自衛隊は、マスでしか描かれていなかったので、キャラクターとしてちゃんとやりたいと思ってたんです。（略）結構感情移入してる部分もあるんで、いっその事自衛隊員を主役にしちゃおうかなと。

配給会社である東宝の宣伝資料によれば、「リアルシミュレーションという観点に於て、前作にも増して効果を発揮しているのが自衛隊の全面協力である。企画段階から防衛庁、陸・海・空自衛隊に取材を重ね、怪獣という仮想敵に対して自衛隊がどう対処していくかを徹底的にシミュレーションした。その結果、日本映画史上初といっても過言ではないリアルな自衛隊像を描」いたのが『G２』だったのである。

3　『ガメラ3　邪神〈イリス〉覚醒』（一九九九年）

監督：金子修介
特技監督：樋口真嗣
製作総指揮：徳間康快
主演：中山忍、前田愛
製作：大映、徳間書店、日本テレビ、博報堂、日本出版販売
配給収入：六億円
協力：陸上幕僚監部、東部方面総監部、東部方面航空隊、第1師団司令部、第1師団第1普通科連隊、第1師団第1後方支援連隊、中部方面総監部、第3師団司令部、第3師団第37普通科連隊、今津駐屯地業務隊、海上幕

僚監部、航空幕僚監部、第7航空団、第3航空団、第4高射群第13高射隊、第4高射群第14高射隊、警戒航空隊、航空自衛隊幹部学校

『ガメラ3　邪神〈イリス〉覚醒』（以下、『G3』）も、引き続き金子修介監督、樋口真嗣特技監督、脚本は伊藤和典といういわゆる「トリオ・ザ・ガメラ」もしくは「ガメラトリオ」が制作した。しかし、配給収入が目標の一〇億円に届かず、シリーズが終了する結果となった。

『G2』と比較すると、『G3』における自衛隊の活躍場面はかなり減っている。自衛隊幹部の裏話として報道された内容としては、「前作の出来に大方の幹部は満足でしたが、なかには今回の協力に難色を示す向きもあったようなんです」「自衛隊は健闘するものの、最後はガメラに頼ってしまう。それが気に入らなかったらしい」として、「特に、ほとんど登場しなかった海上自衛隊周辺を中心に、協力への異論があった」とされる。

防衛省への調査では、別の事実も判明している。一九六五年のシリーズ開始以来の「ガメラは子どもの味方」という設定を念頭に、「一般国民には善玉としてイメージが定着しているガメラを攻撃する場面がある」ことに危惧を抱いていたのである。これは、防衛庁にとっては『G2』のように善悪の構造がはっきりしており、しかも自衛隊が「善」の側にいるという設定が最重要視されることを意味するだろう。とはいえ、結局は防衛庁もシナリオに理解を示し、「自衛隊は前作のガメラ2のような準主役的描かれ方はなく、国家機関、組織としての役割を果たし、活動している様子を描いている」、また「ガメラシリーズ

では、初めて小銃小隊の緊迫感あふれる戦闘場面が撮影」されることを理由として、今回も自衛隊による協力が行われることになった。協力期間は約三〇日間と比較的長い。

この作品で印象的なシーンが一つある。作品内のテレビニュースにおいて、サラリーマンふうの中年男性が自衛隊出動に対するコメントを求められると、「いいんじゃないですか、追っかけていって攻撃しても。日本の敵は日本が倒さないとねぇ。あとはアメリカにおまかせっていうのもね」と答えるのである。『G3』公開前の一九九八年八月三一日に、北朝鮮がテポドン1号を事前通告なしに日本上空を通過させたため、このシーンは「どう見ても朝鮮半島有事を下敷きにしているとしか思えない」と報道された。とはいえ、製作した大映の佐藤直樹プロデューサーの談話では、「シナリオが完成したのはミサイル騒ぎの前で、現実があとからついてきたという感じです。（略）よりリアルな作品にしようと努力しているだけで、自衛隊の問題を提起して挑発するつもりはまったくありません」と「うがった見方」への反論もあった。また、防衛庁も記事内で「今回もシナリオの打ち合わせはしたが、国際情勢を反映させようと働きかけたことはない」と証言している。

いずれにせよ、北朝鮮ミサイル問題は当時の小渕恵三内閣や世論を大いに刺激する事態となっていた。そもそも金子監督は、「戦争映画」として怪獣映画を撮っていることを『G2』公開の時点で公言している。

前から僕は、日本映画で戦争映画が発展できなかったから、逆に怪獣映画が発展したという説を唱えているんです。要するに日本には、第二次大戦で悲惨な負け方をしたというのと、周囲の国に悪い事をしてしまったという事で、反省の目でしか戦争映画を描けないということが根っこにある。そこから怪獣映画がメタファーとして発展したんだと思うんです。だから、怪獣映画というのは戦争映画の変型なんだと。

自衛隊広報誌『ＭＡＭＯＲ』に掲載された、「映画を通して自衛隊を正確に表現することにより国民に知ってもらうのが、監督としての務めだと思っております」という金子監督のコメントにはかなりのリップサービスが含まれるとしても、『Ｇ１』『Ｇ２』『Ｇ３』で描かれた自衛隊像は、観る者にはもちろん、その後の自衛隊協力映画の作り手にも多大な影響を与えたのは間違いない。

4　『ULTRAMAN』（二〇〇四年）

監督：小中《こなか》和哉
主演：別所哲也、遠山景織子
製作：円谷プロダクション、バンダイ、バンダイビジュアル、TBS、中部日本放送、日本出版販売、電通、松竹
興行収入：（不明、一〇億円未満）

協力：防衛庁　長官官房広報課、陸上幕僚監部広報室、海上幕僚監部広報室、航空幕僚監部広報室、陸上自衛隊東部方面隊、陸上自衛隊広報センター、航空自衛隊第7航空団、航空自衛隊百里救難隊、航空自衛隊百里管制隊、航空自衛隊監部学校

本作は、一九六六年から放送開始されたテレビシリーズ『ウルトラマン』の劇場作品である。本作の一番の特徴は、主人公のウルトラマンと悪役の怪獣がともに自衛官から変身することである。ウルトラマンに変身する主人公が結婚指輪をしていることも、非常にめずらしい[1]。近年は、ヒーローものを観ている子どもの母親が主人公の俳優に夢中になるケースも多く、本作でも母親層を意識した感がある。

「その辺にゴロゴロいる人間」にもかかわらず、運命によってウルトラマンとなった主人公は、自分の家族を思い浮かべながら「俺には守らなきゃいけない約束がある。こいつを倒すこと、それが俺のラストミッションなんだ」と決死の覚悟で怪獣に立ち向かっていく。これは危険な任務に就く多くの自衛官を彷彿とさせる。

本作では、航空自衛隊の素晴らしさが何度も言葉で表現されている。航空自衛隊の基地で主人公が出動準備をしている約一分間のオープニングシーンでは、息子の声で「僕のお父さんは、飛行機に乗っています。その飛行機はF－15イーグルという名前で、とてもすごいスピードで空を飛びます。僕はイーグルに乗るお父さんが、ものすごくカッコいいと思います。僕は飛行機に乗るお父さんが大好きです！」というナレーションが入る。ラストシーンも同じく「僕は飛行機に乗るお父さんが大好きです。僕も大人になっ

たらお父さんみたいなパイロットになって、空を飛んでみたいです。それが僕の夢です」という息子のナレーションで終わる。主人公である父親は、ウルトラマンと融合することで「最高のフライトができた」と回想する。つまり正義の味方である架空の超人ウルトラマンは、同時に模範的な自衛隊の戦闘機パイロットであることが示されているのである。それはもちろん自衛隊自身が怪獣を倒すことを意味する。

このように子どもに人気のヒーローシリーズと自衛隊の宣伝を兼ねた本作は、「ULTRAMAN　N（エヌ）PROJECT」というテレビや玩具展開などのメディアミックスを狙った一連の企画の第一弾だったが、本作の興行不振によって計画自体が頓挫したとされる。

5　『シン・ウルトラマン』（二〇二二年）

図8『シン・ウルトラマン』

Blu-ray＆DVD発売中　Blu-ray：5,280円（税込）　DVD：4,180円（税込）　発売元：円谷プロダクション　販売元：東宝　

監督：樋口真嗣
企画・脚本：庵野秀明
主演：斎藤工、長澤まさみ
製作：円谷プロダクション、東宝、カラー
興行収入：四四・四億円（邦画ランキング第六位）
協力（エンドロールでは「防衛省・自衛隊協力」）：大臣官房広報課、陸上自衛隊：陸上幕僚監部広報室、陸上総隊司令部報道官、東部方面総監部広報室、朝

霞駐屯地、練馬駐屯地、立川駐屯地、木更津駐屯地、富士学校、相馬原駐屯地：第12旅団、第12旅団司令部広報室、第12ヘリコプター隊、第12偵察隊、第12通信隊、第12高射特科隊、第12化学防護隊、第12旅団司令部付隊、第48普通科連隊、第125地区警務隊、木更津駐屯地：第1ヘリコプター団 第1ヘリコプター団本部管理中隊、第1輸送ヘリコプター群、特別輸送ヘリコプター隊、連絡偵察飛行隊、第1ヘリコプター野整備隊、第4対戦車ヘリコプター隊、木更津駐屯地業務隊、第320基地通信中隊木更津派遣隊、練馬駐屯地：第1師団、第1師団司令部広報班、第1師団司令部付隊、第1普通科連隊、下志津駐屯地：陸上自衛隊高射学校、海上自衛隊：海上幕僚監部広報室、横須賀地方総監部、横須賀基地業務隊、第1護衛隊群司令部、第2護衛隊群司令部、護衛艦「てるづき」

本作は、第3章で扱った『シン・ゴジラ』と同じく、企画・脚本に庵野秀明、樋口真嗣が監督を務めたことから、ウルトラマンシリーズの一本というよりは、『シン・ゴジラ』の続編という印象が強い。本作で主人公を演じた斎藤工は、『シン・ゴジラ』で自衛隊員を演じてもいる。『ウルトラマン』のテレビシリーズが一貫して子ども向けであるのに対し、本作のターゲットは、『シン・ゴジラ』同様に明らかに大人の「オタク」層である。

自衛隊広報誌『ＭＡＭＯＲ』によれば、樋口監督が自衛隊との関わりで自らに課しているルールは「映画で描く自衛隊像に嘘をつかない」ことだという。「防衛省の担当者に脚本をちゃんと読んでもらい、自衛隊がどのように行動するかをチェックしてもらいます。空想特撮映画といいながら、自衛隊が出動するまでの段取りは現実と同じように描いています。人間パートのドラマを描く上で、そのリアリティーがとても大切です」と語っている。

ただし、自衛隊の協力が大がかりであったわりには、主人公らが属するのが「禍威獣特設対策室」という架空の組織だったからか、『シン・ゴジラ』ほど自衛隊の印象は強くない。劇場用パンフレットでも、自衛隊に関するコラム等はなかった。しかし、それはあまりにも『シン・ゴジラ』での自衛隊の描かれ方が強烈だったこともあるだろう。いずれにせよリアリティにこだわる庵野・樋口コンビによる自衛隊の描写は、映画制作者にも観客にも大きな影響を与えたのである。

〔註〕

(1) 二〇二三年七月八日から二四年一月二〇日まで放送されたテレビシリーズ『ウルトラマンブレーザー』では、ウルトラマンに変身する隊長が同じく妻子持ちの設定だった。

第５章　災害映画

本章では、自衛隊が出動する災害映画を扱う。自衛隊法において「災害派遣」を規定した第八三条には、「都道府県知事その他政令で定める者は、天災地変その他の災害に際して、人命又は財産の保護のため必要があると認める場合には、部隊等の派遣を防衛大臣又はその指定する者に要請することができる」とある。近年は大型の地震や台風等が続いており、自衛隊の災害派遣の様子が報道される機会も多い。

１　『日本沈没』（二〇〇六年）

監督：樋口真嗣
主演：草彅剛、柴咲コウ
製作：ＴＢＳ、東宝、セディックインターナショナル、電通、J-dream、Ｓ・Ｄ・Ｐ、ＭＢＳ、小学館、毎日新聞社
興行収入：五三・四億円（邦画ランキング第四位、洋邦総合ランキング八位）

協力：防衛庁　長官官房広報課、陸上幕僚監部広報室、海上幕僚監部広報室、航空幕僚監部広報室、陸上自衛隊通信団　第1ヘリコプター団　第12旅団、海上自衛隊　護衛艦隊　第1輸送隊　LST4001「おおすみ」LST4002「しもきた」　第1エアクッション艇隊、航空集団　第21航空群、航空自衛隊　偵察航空隊百里救難隊　入間ヘリコプター空輸隊、第2輸送航空隊、百里基地、入間基地、（消防庁）

本作は、一九七三年三月に発表された小松左京の同名ベストセラー小説の二回目の映画化作品にあたる。人気俳優を起用したこともあって、大ヒットとなった。

自衛隊が本格的に登場するのは開始後四二分を過ぎてからなので、自衛隊協力映画にしてはかなり遅い。阿蘇山の噴火によって首相の乗る飛行機が墜落したというニュースのあとに、自衛隊基地から飛び立つ戦闘機が映る。この映像に重ねて「総隊行災命第46号　災害派遣命令発令」、続いて「航空自衛隊ＲＦ－４ＥＪが偵察行動のため百里基地を発進」というテロップが出る。その後、政府の災害特別本部において危機管理担当大臣が「災害時特別措置法により自衛隊の出動を要請」するシーンが入り、被災地に向かう多くの自衛隊車両や避難誘導・負傷者救助にあたる自衛官の姿が映し出された。

特に印象的なのは、名称テロップ付きで紹介される海上自衛隊の「おおすみ」型輸送艦や輸送用エアクッション艇（ＬＣＡＣ）である。ＬＣＡＣの映像に関しては、非常に詳しい機能説明的なシーンとなっており、海上から航行しながらそのまま砂浜に乗り上げ、大きく開く扉から待ちかまえていた多くの一般市民を乗せ、さらに砂浜で向きを変えてから沖の輸送艦に戻って船内に入るところまでを見せている。

ただし、この作品で目を引くのは、自衛隊よりもむしろ消防庁の協力である。実在する「東京消防庁第

八消防方面本部 消防救助機動部隊（通称ハイパーレスキュー）」に所属するという設定のヒロイン・玲子の活躍は、ストーリーの要となっている。男性と同様に危険な現場の最前線で活躍する「強い女性」像は、ブルジョアの令嬢という設定だった旧作『日本沈没』のヒロインとは大きく異なっている。これは、女性であろうと「銃後」にはおらず、男性と同等に「前線」にいることを意味し、女性が「兵士」としてカウントされていると解釈できる。女性採用に力を入れる自衛隊や消防庁にとって、本作のように危険な現場で華々しく活躍している女性の表象は、両組織の広報戦略と合致していたといえよう。

特筆すべきは、阪神・淡路大震災で両親を失ったという玲子の生い立ちである。

あたし、神戸で地震に遭って両親が死んじゃったの。あたしだけ生き残っちゃって、それでここに来たの。ずっと閉じ込められて……暗くて怖くて。でも次の日、レスキュー隊の人達が助けてくれた。だから、自分もいつか絶対に、私みたいな子を助ける側になるんだってずっとそう思ってたの。

以前「守られた」自分が今度は「守る」側になるという設定は、第8章で扱う『守ってあげたい！』のなかでも見られる。こうした使命感を持つ玲子に刺激され、主人公・小野寺も自らの死と引き換えに、「愛する人を守る」ために日本を救う任務に向かっていくことになるのである。

小野寺の前に一人深海に潜り、任務を果たせないままに帰らぬ人となった同僚の存在は、自分も彼に「続かなければならない」というプレッシャーを当然小野寺に与えていた。結局は、小野寺がいかに純粋な気持ちであろうとも、その行為は国家によって讃えられることで「国家への殉職者」になってしまう。実際に本作のラストでは、危機管理担当大臣が彼らの死を哀悼するシーンがある。本作のキャッチコピーは、「いのちよりも大切なひとがいる」だったが、その意味は「いのちよりも大切な国家」にすり替えられていくのである。この犠牲の論理については、第6章で詳述する。

2 『マリと子犬の物語』（二〇〇七年）

図9 『マリと子犬の物語』

DVD発売中　4,180円（税込）　発売元：アミューズソフト　販売元：東宝　©2007「マリと子犬の物語」製作委員会

監督：猪股隆一
主演：船越英一郎、松本明子
製作：日本テレビ、東宝、アミューズソフトエンタテインメント、ホリプロ、読売テレビ、小学館、読売新聞、札幌テレビ、宮城テレビ、テレビ新潟、静岡第一テレビ、中京テレビ、広島テレビ、福岡放送
興行収入：三一・八億円（邦画ランキング第九位）
協力：防衛省大臣官房広報課、陸上自衛隊　陸上幕僚監部広報室、陸上自衛隊広報センター、東部方面総監部広報室、第12旅団、第30普通科連隊、第12特科隊、第12ヘリコプター隊、第12後方支援隊、第12旅団司令部広報室

本作は、自衛隊協力映画としては大変めずらしいジャンルの「動物映画」である。製作会社から防衛省

に報告された資料によれば、公開日から一八九日間の観客動員数は約二六八万人、特に本作の舞台となった新潟県長岡のシネコンでは、二七週のロングランで観客動員数で全国一だったという。文部科学省の少年向・家庭向の選定映画となっており、厚生労働省社会保障審議会特別推薦児童福祉文化財、厚生労働省社会保障審議会特別推薦、日本赤十字社推薦、でもある。防衛省への調査によれば、「中越地震で被災し、希望を失っていた山古志村の村民に生きる勇気を与えた犬の実話を基とし、親子を対象とするお正月映画として製作されたものであるとともに、陸上自衛隊の災害派遣の様子や被災者と派遣された自衛官との交流が随所にみられる作品」であることから「健全妥当」と判断されて協力に至った。

新潟県中越地震の実話を描いた絵本『山古志村のマリと三匹の子犬』が原作で、二〇〇四年一〇月二三日に発生した新潟県中越地震の際に震度七の甚大な被害を受けた山古志村を舞台としている。地震発生の一七時五六分からわずか四分後の一八時には防衛庁に災害対策室が設置され、二一時五分には新潟県知事から陸上自衛隊第一二旅団長（相馬原）に対して災害派遣要請がなされた。その後一五日間の派遣規模は、延べ数で人員約七万三六〇〇名、車両約二万四四〇〇両、航空機約九一〇機にのぼった。

本作では、自衛隊による被災地での救難活動や避難所での支援活動が、ドキュメンタリー作品のように非常にリアルに再現されている。ヘリコプターによる住民の救出はもちろん、自衛隊が設営したテントがいくつも並ぶ避難所の風景はかなり大規模である。また、前述の防衛省による協力了承の判断基準にもあったように、重要な脇役として一人の自衛官がかなりクローズアップされ、子どもたちや犬に「人間的な」対応を見せていることが注目される。最初はどうしても人命優先で犬をおいていかざるをえなかった

図10　陸上自衛隊コピー

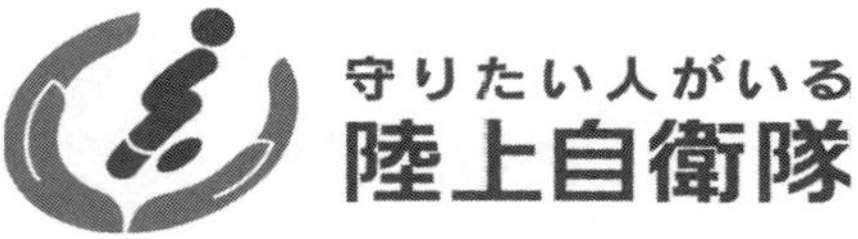

が、彼は自衛官という任務を離れた一人の人間として子どもに温かく接し、二回目に山古志村に救助へ向かうときには犬を連れて戻ってくるのである。

本作のキャッチコピーは、「守りたい――ただ、それだけだった。」である。『戦国自衛隊１５４９』、『亡国のイージス』、『男たちの大和／ＹＡＭＡＴＯ』、『日本沈没』、『俺は、君のためにこそ死ににいく』、『ミッドナイトイーグル』、そしてこの『マリと子犬の物語』と、二〇〇五年以降に公開された一連の自衛隊協力映画のテーマは、とにかく「守りたい」の一色だった。このメッセージは、設立五〇周年を記念して二〇〇〇年に考案された陸上自衛隊のコピー「守りたい人がいる」に完全にシンクロしているといえるだろう（図10）。二〇〇〇年公開の『守ってあげたい！』は、まさにこのコピーが発表された時期にぴったりと重なっていた。この陸上自衛隊のコピーは、二〇〇一年に商標登録もされている。この「守る」イデオロギーは、現在に至るまですっかり定着した感がある。

3　『絆―再びの空へ―Blue Impulse』（二〇一四年）

監督：手塚昌明
主演：航空自衛隊アクロバット飛行チーム「ブルーインパルス」

製作：バナプル
興行収入：（不明、一〇億円未満）
協力：航空自衛隊

本作は、航空自衛隊に所属するアクロバット飛行チームであるブルーインパルスが、東日本大震災発生直後から宮城県松島基地での通常任務に戻るまでの約二年間を追ったドキュメンタリーである。

航空自衛隊の公式ホームページの解説によれば、ブルーインパルスは「航空自衛隊の存在を多くの人々に知ってもらうために、航空自衛隊の航空祭や国民的な大きな行事などで、華麗なアクロバット飛行（これを展示飛行と呼びます）を披露する専門のチーム」であり、「正式名称は、宮城県松島基地の第４航空団に所属する『第11飛行隊』」、「青と白にカラーリングされた６機の機体」で編成されている。第２章で述べたように、一九六四年一〇月一〇日の東京オリンピックの開会式で五輪を描く祝賀飛行を行ったのは有名で、現在でもブルーインパルスの展示飛行は自衛隊の航空イベントの目玉であり、来場者のモチベーションを大きく左右するほどの人気がある。

東日本大震災での自衛隊による大規模な救難・救助活動は、マスコミでも当時かなり報道されたが、本作では、自衛隊のなかでも華やかで楽しい曲芸飛行を担当する隊員の震災後の姿を追っていることが特徴である。同じ自衛官でも人命救助などにあたって壮絶な現実に直面した隊員ではなく、いわばサイドストーリー的なブルーインパルスのパイロットらの物語だったことで、観る者は「ナショナルな記憶」を作品と共有しつつも、各自の記憶と並列させせながら、新鮮かつ半ば安心して物語を観ることが可能となっている。

本作で語られた実際の地震・津波被害では、「絆」という言葉で被災者も支援者も日本全体が団結し、苦難をともに耐えて乗り越えようとした。それは国家的美談として世界からも称賛されるものであった。その一方、本作ではまったく触れられなかった原発事故はどうか。政府と東京電力の発表は後手後手に回り、必要な情報は隠されたり誤魔化されたりしたまま今日に至っている。世界中に汚染を広げる最悪の事故により、事故直後は各国が「フクイチ」を教訓として脱原発ゼロへと方針転換したのにもかかわらず、当の日本政府は原発が国家的大事業だからという理由で再稼働を認めた。福島では二〇二四年四月現在でまだ帰還困難区域が残っており、膨大な量に達していた「処理水」の海洋放出によって再び世界に注目され、議論を巻き起こすことになった。この原発事故は、第3章の『シン・ゴジラ』でも指摘したように、突きつめれば「トーキョー＝ニッポン」というトーキョー・セントリズムの論理を最優先したことに起因する、まさに日本の国家的汚点だが、本作で語られることはなかった。

映画は何かを「語る」ことによって「ナショナルな記憶」の形成に寄与するだけでなく、「語らない」ことによっても同様な働きを持つ。エルネスト・ルナンは「国民の本質とは、すべての個人が多くの事柄を共有し、また全員が多くのことを忘れていること」と述べたが、本作では原発事故を捨象することで、日本国民が屈辱的な過去／現在を忘れることに荷担したともいえるだろう。もっとも、国民自身が震災の映像には食傷気味で、放射能汚染に関する報道など見たくもないというのも実は明らかである。たとえば震災から五年の節目にあたる二〇一六年三月に放送された震災特別番組は、ＮＨＫ・民報とも惨憺たる視聴率だった。また、ＮＨＫ放送文化研究所の調査では、一〇年の節目である二〇二一年はコロナ禍の真っ只中であったため、新型コロナウイルスとの関連で「防災」「教訓」という言葉を含む関連番組が増加したが、「東日本大震災」そのものを対象にした報道は減少する傾向だったという。将来同様の過ちを犯さないためには、事実を洗い出して客観的な原因分析を行うことが不可欠だが、「記憶」と「歴史」の問題がそれを邪魔する。つらい過去を忘れたいという個人の心理と不都合な真実を隠したいという権力側の思惑は、残念ながらみごとなハーモニーを作り出してしまうからだ。そして、権力側に親和的な物語は、個人の「記憶」を圧倒し、権力に都合のよい「歴史」の形成に荷担するのである。

東日本大震災の記憶を映像化した作品という点で、本作は『シン・ゴジラ』と同様の「ポスト3・11自衛隊協力映画」と位置づけられる。酒井直樹は、映画の分析に「集団的な自己憐憫」を背景として構築される「共感の共同体」という概念を用いているが、本作が観客として想定していたのは、まさに東日本大震災の「ナショナルな記憶」を共有する「共感の共同体」である。手塚監督と庵野監督という二人のゴジラ監督は、本作と『シン・ゴジラ』で東日本大震災を直接・間接に扱ったが、その内容は日本に住む一人一人の「記憶」を微妙に揺るがし、忘れてはならないことを忘却させ、ナショナルな「歴史」の支配に多かれ少なかれ荷担したといえよう。

第6章　テロ映画

本章では、日本が外敵から攻撃を受けるという設定のテロ映画を扱う。敵として想定されているのは、いずれも北朝鮮である。同時代史については第12章で詳述するが、二〇〇一年九月一一日のアメリカ同時多発テロ以降、世界は「テロとの戦い」というスローガンのもとに、各国が偏狭なナショナリズムへと突き進んだ。自衛隊が実際に戦うのは怪獣だけという時代は終わり、二〇〇〇年代以降は自衛隊協力映画のなかでとうとう実際の敵が描かれるようになる。

1　『亡国のイージス』（二〇〇五年）

監督：阪本順治
主演：中村貴一、寺尾聰
製作：日本ヘラルド映画、松竹、電通、バンダイビジュアル、ジェネオンエンタテインメント、IMAGICA、TOKYO FM、産経新聞社、デスティニー

興行収入：二〇・六億円（邦画ランキング第一二位）
協力：防衛庁　長官官房広報課、海上幕僚監部広報室、航空幕僚監部広報室、海上自衛隊　自衛艦隊、護衛艦隊　AOE423「ときわ」、第1護衛隊群　DDH143「しらね」、第1護衛隊群第1護衛隊　DD101「むらさめ」、DD102「はるさめ」、DD107「いかづち」、第1護衛隊群第61護衛隊　DDG171「はたかぜ」、DDG174「きりしま」、第2護衛隊群第2護衛隊　DD112「まきなみ」、第3護衛隊群第63護衛隊　DDG175「みょうこう」、航空集団　第51航空隊、第4航空群　第4整備補給隊、厚木航空基地隊、第21航空群　第101航空隊、第121航空隊、第123航空隊、第21整備補給隊、舞鶴航空分遣隊、舞鶴整備補給分遣隊、館山航空基地隊、舞鶴航空基地隊、潜水艦隊　第1潜水隊群第3潜水隊　SS585「はやしお」、第2潜水隊群第4潜水隊　SS580「たけしお」、潜水艦教育訓練隊、横須賀地方総監部　第21護衛隊　DD122「はつゆき」、DD123「しらゆき」、DD125「さわゆき」、横須賀教育隊、横須賀警備隊、横須賀港務隊、YT66、横須賀造修補給所、横須賀基地業務隊、舞鶴地方総監部　舞鶴警備隊、舞鶴港務隊、舞鶴造修補給所、教育航空集団、下総教育航空群、東京業務隊、第1術科学校、第3術科学校、幹部候補生学校、補給本部、海上訓練指導隊群、横須賀海上訓練指導隊、航空自衛隊　航空総隊、北部航空方面隊、第3航空団　司令部、監理部渉外室、飛行群　飛行群本部、第3飛行隊、第8飛行隊、整備補給群　整備補給群本部、検査隊、装備隊、修理隊、基地業務群　飛行場勤務隊、航空支援集団、航空保安管制群　三沢管制隊

本作は、一二〇万部のセールスを誇る福井晴敏のベストセラー小説の映画化作品である。原作は、二〇〇〇年に日本推理作家協会賞、日本冒険小説協会大賞、大藪春彦賞をトリプル受賞している。二〇〇五年は「福井晴敏Year」ともいわれ、公開順に『戦国自衛隊1549』『亡国のイージス』『ローレライ』の

原作映画三本すべてが、総製作費一〇億円以上の超大作として公開されるという稀有な状況にあった。このうち『戦国自衛隊１５４９』と『亡国のイージス』はいずれも自衛官が主人公の自衛隊協力映画であり、協力がなかった『ローレライ』は架空の戦争映画である。『戦国自衛隊１５４９』と『ローレライ』に関しては第11章で扱うが、この福井三作品が持つ強い政治的メッセージは、その後の自衛隊協力映画にも影響を及ぼしたといえる。

「進むべき道を見失った国家（亡国）に守るべき未来はあるのか」というキャッチコピーが付けられた本作のテーマは、ずばり「テロとの戦い」である。ストーリー内の外国人テロリストの国籍は「某国」とされているが、明らかに北朝鮮が想定されていた。

第11章でも扱うが、防衛庁は当初本作への協力を拒んでいたが、映画協力に積極的な当時の石破茂長官の働きかけがあり、シナリオが若干変更されることで協力が実現している。最初に協力不適と判断された理由は、原作では北朝鮮工作員と共謀してテロを計画する人物がイージス艦の艦長だったこと、さらに防衛庁の極秘諜報組織が登場することで、現実にも存在するような誤解を与えかねないこと、という主に二つの理由からだった。これに対し、原作を一〇回以上繰り返し読んでいたという石破長官は、防衛庁が撮影協力しようがしまいが映画化されるので、むしろ協力してあまり変な内容とならないように関与しておくことも選択肢に入れるべきだ、という指示を出している。

しかし、その再検討の過程においても「イージス艦長がテロを起こすことは、フィクションとしても受け入れられない」と、海上自衛隊が相当の難色を示していたことが調査から明らかとなっている。そこで提案された大きなシナリオ修正が、テロを計画する人物を艦長から副長に変更すること、その副長がテロを計画する動機を「息子を秘密組織に殺されたから」ではなく、「秘密組織に殺されたという偽情報を工作員から吹き込まれたから」とすること、の二点であった。

結果として、自衛隊協力映画のなかでもずば抜けて大きい規模の協力が実施された。撮影協力同様にPRも大規模で、東京丸の内で開かれた完成披露試写会では、当時の久間章生・自民党総務会長や石破前防衛庁長官ら約八〇〇人が観賞した。さらに公開三日前には東京国際フォーラムでジャパンプレミアが開催され、約四〇〇〇人の観客とともに、扇千景参議院議長（当時）、中川昭一経済産業大臣（当時）、中曽根前首相、羽田攻前首相、森喜朗前首相、石破前長官、中谷元前長官、のちに第二代防衛大臣となる小池百合子など、多数の自民党政治家が出席している。また出席者には、櫻井よしこ、上坂冬子、西尾幹二ら保守系論者の名もあった。これらのイベントの様子は、製作委員会に入っている産経新聞グループを中心に報道され、宣伝の一環ともなっていた。

この作品では、攻撃されてからではないと行動できない現自衛隊のシステムへの苛立ちが、赤裸々に語られている。「撃たれる前に撃つ。それが戦いの鉄則です。それが出来ない自衛隊に国を守る資格はなく、それを認められない日本に、国家を名乗る資格はない」というセリフも強烈だった。フィクションとはいえ、現行の防衛体制への不満が堂々と映画化されるきっかけとなったのが、公開当時実際に敵国として想定されていた北朝鮮の存在である。テロの首謀者のヨンファは非常に冷酷な人物として描かれており、彼の言葉には「日本」や「日本人」に対する侮蔑が随所に見られ、国家の危機に際してもどこか他人事のような日本の空気を挑発しつづける。つまり本作では、「平和ボケ」した日本社会への日本人ナショナリストの苛立ちが北朝鮮人テロリストの言葉として表現され、さらには外敵の脅威を強調することで軍事的装備の正当性が主張されていたと解釈できるだろう。

協力までにはさまざまな経緯があったとはいえ、現役自衛官にとっては、「福井晴敏の原作は『海上自衛官がものをしゃべり、動き、格闘する素晴らしい人間ドラマ』であり、『それがスクリーンで表現されるなんてありがたいこと』ですらあった」ようである。

2　『ミッドナイトイーグル』（二〇〇七年）

監督：成島出
主演：大沢たかお、玉木宏
製作：UPJ（ユニバーサル・ピクチャーズ・ジャパン）、松竹、ジェネオンエンタテインメント、テレビ朝日、朝日放送、メ〜テレ、北海道テレビ、新潟テレビ21、九州朝日放送、IMAGICA、USEN、デスティニー
興行収入：七・六億円（入場者数：六二万人）
協力：防衛省　大臣官房広報課、陸上幕僚監部広報室、航空幕僚監部広報室、陸上自衛隊　東部方面総監部、中央即応集団　第1空挺団、東部方面航空隊　航空隊本部付隊、第4対戦車ヘリコプター隊、東部方面ヘリコプター隊、東部方面管制気象隊、東部方面航空野整備隊、第12旅団　第2普通科連隊、第13普通科連隊、第30普

通科連隊、航空自衛隊　航空総隊、中部航空方面隊、第6航空団　司令部　管理部渉外室、飛行群　飛行群本部　第303飛行隊、整備補給群　整備隊、中部航空警戒管制団　第23警戒群　群本部、監視管制隊、通信電子隊、基地業務隊、航空支援集団　航空保安管制群　小松管制隊

本作は、高橋哲夫の同名小説を原作とし、「日本映画史上空前のスケールで贈る山岳サスペンス・アクション超大作‼」として一〇億円をかけて製作された。雑誌やテレビでかなり大規模に宣伝し、ロサンゼルスでワールドプレミアを開催してアメリカでも公開されたが、日米ともに興行的には完全に失敗に終わっている。アメリカでは、ニューヨーク、サンフランシスコ、ロサンゼルスの三都市三劇場で三週間公開されたが、最終的な興行収入は七〇六五ドル（当時の換算で約七五万円）という結果だった。

本作は、庁から省へ昇格した防衛省が初めて全面協力した作品で、協力を決定した防衛庁（当時）の資料によれば以下のような広報効果を期待してのことだった。

　この映画は、自らの命を賭して日本、家族を守ろうとする自衛官の姿を描くことをテーマとしており、広く国民に対して、自衛隊の実情や努力を紹介することが可能である。また、人気男性俳優の起用により、若年層や女性層の観客動員が見込まれ、幅広い国民に防衛庁・自衛隊の活動を紹介できる。
　また、メイキング番組（テレビ朝日系列）では、撮影に協力した部隊を紹介する予定であり、幅広い国民に対して防衛庁・自衛隊の活動を紹介できる。

また、有名俳優が役作りのため体験入隊することにより、彼らが発信源となり、防衛庁・自衛隊に対する理解者の拡大につながる。

「北朝鮮」という国名は一度も登場しないが、米軍横田基地への「アジア人」侵入という表現や「国を逃げ出した」秘密工作員という設定などから、核問題に揺れた時期にぴったりと重なって公開されたこの映画を見た観客には、当然のごとく北朝鮮が想起されただろう。この作品におけるテロリストたちの姿は、当時のメディアが差し迫った脅威として連日報道していた「凶暴な国」としての北朝鮮のイメージをわかりやすく映像化していたからである。

後述する準主役級の自衛官は別として、本作に登場する自衛隊は、啞然とするほど弱い。アルプス山中の部隊は、ほぼ何をすることもなくあっさりと敵にやられて全滅してしまう。応援に来た航空自衛隊の戦闘機も、吹雪に阻まれて何も活動できないまま帰っていく。ネット上で散見されたこのどうしようもない弱さを指摘する声は、他の自衛隊協力映画と同様に、強力な敵としての北朝鮮を描くことでより強い自衛隊を望むことにつながる可能性があることを示唆していた。

同時に『ミッドナイトイーグル』のストーリーには、「世界から孤立した貧しい国」あるいは「発展の遅れた国」という、北朝鮮に関するもう一つのステレオタイプも反映されていたことが指摘できる。唯一主要な脇役として登場する敵国秘密工作員は、貧しい自国をなんとかしたいという犠牲愛国の気持ちを持っている者として描かれている。よって、観た者は彼に対して憎しみや恐怖を抱くよりは、むしろ同情を覚えるだろう。つまり彼は、当時のマス・メディアによってつくられた「圧政に苦しむかわいそうな北朝鮮一般市民」のイメージそのままだったのである。

そのマス・メディアの役割に関し、問題を含むシーンが存在した。主人公・西崎の義妹であるジャーナリストの慶子が事件の全貌を伝えようと「真実を伝えるのが私たちの仕事です」というのに対し、総理は「すべての真実が国民の安全と幸せにつながるとは限りません」と山中で起きているテロの真相が明らかにされるのを拒否する。これに対し、慶子はその言葉に反論することもなく黙ってしまうのだ。

このシーンは、二〇〇四年に制定・施行された有事関連七法の一つである「武力攻撃事態等における国民の保護のための措置に関する法律（通称、国民保護法）」を想起させる。この法律によって、大手放送局は指定公共機関として軒並み指定され、有事の際は国民の安全のために政府へ協力することが義務づけられた。制定の際に、「報道の自由」が脅かされる危険性が一部で指摘されたものの、マス・メディア自身の抵抗は当時驚くほど弱かった。大きな議論もなく、〇三年から〇四年にかけて有事法制が次々に整備されてしまった背景には、マス・メディアによる対北朝鮮を中心とした危機報道の過熱が要因の一つとしてあげられるだろう。危機を煽って視聴率を稼いだ結果、自らの権利を狭める結果となったのである。

このような政治的状況を背景に持つ本作で最も注目されるのは、日本を救うために最終的に敵と戦う民間人二人と自衛官一人の自己犠牲である。まず、主人公のカメラマン・西崎と新聞記者・落合の二人による自己犠牲は、国家から強制された結果ではなく、あくまで個人的な心情の帰結として描かれた。彼らは二〇代三〇代の「ごく普通の日本人男性」であり、強靭な肉体や特別な愛国精神を持っているわけではない。西崎が死に至る任務を遂行するのは、「家族」のためだ。それは「この国がどうなろうと、そんなこと知ったこっちゃない。だが、父親として息子の命くらい守らせてくれ」という言葉に明白に現れている。優秀な戦場カメラマンとしてのポジションから脱落し、妻の死にも付き添えなかった西崎にとって、アイデンティティの最後の拠り所は「父親としての自分」だったのである。

もう一人の新聞記者・落合は重大事件から逃げた過去があり、「俺、逃げなかったですよね、今度は」と最後に呟く。試練に耐えた達成感とやりがい、そしてジャーナリストとして、さらには人間として恥ずべき行為をしなかったという安堵が、敵に対する憎しみも国家や政府への恨みも抱かず、静かに自分の死を受け入れる理由となっている。

このように少数者の死によってその他大勢の国民が救われるという、特攻精神ともいうべきものの美化が、本作のイデオロギーとして存在する。こうした犠牲を「泣ける」要素としているところに、本作の政治性と大衆ウケの狙いが指摘できるだろう。日本では「感動できる映画」「泣ける映画」イコール良質な作品として、絶大なクチコミ効果を発揮することが少なくないからである。

国のために命を投げ出す模範的な「国民」を体現する西崎と落合に対し、「模範的な自衛官」を体現しているのが佐伯三佐である。防衛省への調査では、「日本を守るため、同僚、民間人を救助するために果敢に救助に赴く自衛官の姿を描く作品」であることから、健全妥当な内容であると判断されて協力が行われた。非常に強くて優秀な佐伯は、あくまで任務として淡々と敵を倒していく。

ラスト近くに、佐伯が自分の妻と生まれてくる子どものことを語るシーンがある。そこで初めて、自衛官としてではない一人の人間としての彼が現れる。つまり、佐伯もまた西崎らと変わらない「普通の日本人」であったことに観客は気づかされるのだ。彼も最終的には任務をまっとうする自衛官として死んでいくのではなく、会うことはかなわない娘の将来のために、父親として身をもって爆発を阻止しようとするのである。その姿はまさに自衛官の鑑《かがみ》であると同時に、西崎と同様に父親の鑑、さらには日本人の鑑として観る者の感情移入を促している。

いずれの場合も、あくまで私的な充足感から「結果的に」公的で国家的な行為へと帰結してしまうような、独特の現代的ナショナリズムを見ることが可能だろう。私《プライベート》的な犠牲はいつの間にか公《パブリック》的な犠牲となり、ついには国家的《ナショナル》な犠牲となっていく。ラスト近く、ナパーム弾の投下によって敵もろとも自爆することが決定したのち、佐伯が西崎に向かっていう言葉は、「じゃあ、向こうで」だった。死後の世界で再会しようという意味でいわれているとしても、「靖国で会おう」を合言葉に死んでいった特攻隊が当然ながら重なる。

高橋哲哉は「悲惨さも無惨さもおぞましさもきれいに拭い去られ、『神聖』で『崇高』なものへと戦死が変えられていく」ことを「靖国の論理とレトリック」と称して断罪している。「国家ではなく国民の側」から「『尊い犠牲』の論理とレトリックが展開」されることにも注意が必要であり、国家は「大量の戦死者が出る時に、その戦死者を国家のための（国家を守るための、そして国家を発展させていくための）尊い犠牲であったという形で聖別（consecrate）」し、「遺族が抱く戦死の悲哀や虚しさ、割り切れなさを、そのような『国家の物語』によって埋め合わせる働き」をすると高橋は指摘する。これらは、まさに本作の最後で首相が犠牲者三名に哀悼を捧げ、生き残った慶子と西崎の幼い息子が楽しく暮らすラストシーンで表現されている。

最終的に工作員は、「これでお前たちの国を守れる」といって起爆装置を止める暗号が入ったICチップを慶子に渡す。ここでICチップが意味しているのは「愛国心」であろう。北朝鮮人の彼は自分の愛国心を日本人の愛国心に重ね、国家こそが至上の存在であり、それに命をかけて尽くすことが最上の行為であるというメッセージを託したのだ。このような模範的な愛国者としての敵の存在は、日本人のモデルとして訴えかけているのである。

3　『名探偵コナン　絶海の探偵《プライベート・アイ》』（二〇一三年）[1]

図11『名探偵コナン　絶海の探偵』

監督：静野孔文《こうぶん》
主演（声）：高山みなみ、山崎和佳奈
興行収入：三六・三億円（邦画ランキング第四位）
製作：小学館、読売テレビ放送、日本テレビ放送網、小学館集英社プロダクション、東宝、トムス・エンタテインメント
協力：防衛省　大臣官房広報課、海上自衛隊　海上幕僚本部広報室、舞鶴地方総監部広報係、護衛艦「きりしま」、護衛

艦「あたご」
エンディングロケ・取材・撮影協力：【東京】防衛省 海上幕僚監部 総務部 総務課 広報室 三等海佐 大原浩史 小坂樹範、防衛省 海上幕僚監部 総務部 総務課 広報室 防衛事務官 安居院美恵子【舞鶴】海上自衛隊舞鶴地方総監部 管理部総務課 一等海尉 大屋幸泰、海上自衛隊 第3護衛隊群 護衛艦「あたご」「みょうこう」、海上自衛隊 舞鶴地方総監部、海上自衛隊 舞鶴警備隊（港務隊、水中処分隊、第2ミサイル艇隊）【横須賀】海上自衛隊横賀《ママ》地方総監部 管理部総務課 広報係長 三等海佐 関川覚、海上自衛隊 第4護衛隊群第8護衛隊 護衛艦「きりしま」

本作は、二〇二四年五月で『週刊少年サンデー』（小学館）における連載が三〇周年となった『名探偵コナン』の劇場版で、読売テレビ開局五五年記念作品でもある。テレビアニメは、一九九六年一月より読売テレビ・日本テレビ系列にて現在でも放映されており、単行本をはじめ、小説、ノベライズ、各種ゲーム、アプリ、舞台など、さまざまなメディア展開がなされている大ヒット作品である。劇場版は九七年より二〇二四年現在まで毎年一本ずつ公開されており、本作は劇場版シリーズの一七作目にあたる。

本作は、舞鶴港でイージス艦の体験航海に参加していたコナンたちが、艦内に潜入した「某国」のスパイXが起こす事件解明に挑むというストーリーだった。「コナン史上かつてない究極のスパイ・ミステリー」と宣伝されたが、『名探偵コナン』シリーズに自衛隊が登場したのは、本作が初めてである。「日本にはない部品やデータ」を使用している「爆弾を積んだ不審船」という設定は、二〇〇一年に海上保安庁の船と銃撃戦になった末に自爆撃沈した北朝鮮工作船を当然ながら想起させた。スパイは明らかに東洋人として描かれ、工作員の一人には竹川という日本名が付いていた。

以上のような設定は、『亡国のイージス』や『ミッドナイトイーグル』とほぼ同じである。いずれの作品でも「凶暴な隣国」である北朝鮮のテロリストが描かれ、そのイメージはマスコミで流布されているステレオタイプに沿ったものだったといえる。このようなステレオタイプの敵国像に対抗するかたちで日本のナショナリズムが再構築されようとしていると同時に、日本のナショナリズムを再構築するために、こうした異国民・異民族のステレオタイプが生産・再生産されているともいえるだろう。マス・メディアによって流布されるステレオタイプと映画の表象は、相互に影響しあいながら強化されていくことになる。

特に本作では、子どもたちが敵に立ち向かう姿が印象的だった。

ただし、ストーリーの中心はあくまでコナンによる事件の謎解きであり、ことさらスパイの国籍や凶暴性などが強調されていたとはいえない。それよりも目を引いたのは、自衛隊の表象である。まず予告編や公式ホームページでは、「防衛省・海上自衛隊全面協力」が過剰なまでに宣伝された。作品内では、外観や内部が精密に描かれたイージス艦の機能がテロップ付きでかなり丁寧に紹介され、見学に訪れているキャラクターたちはそれぞれ「カッコいい！」「すごい！」を連発していた。劇場用プログラムでも、少年探偵団三名が紹介するという形式で、見開き二ページにわたってイージス艦に関するデータや歴史などのさまざまな情報が掲載されている。また「はたらく女性自衛官」についても、同じく見開き二ページで紹介されていた。

劇場用プログラムによれば、静野監督以下主要スタッフらは横須賀や舞鶴で停泊中のイージス艦に実際に乗って取材をしており、その「興奮」と海上自衛隊への「感謝」を異口同音に語っている。たとえば、脚本担当の櫻井武晴は「セリフに関しても防衛省の方から『こうした方がリアルです』とご提案いただいた」と証言している。よって、シナリオまで相当踏み込んだ「協力」がなされたことは間違いない。ラストは、海に落ちたヒロインが海上自衛隊によって救助されて大団円となっている。

自衛隊広報誌『ＭＡＭＯＲ』によれば、企画の段階から防衛省と海上自衛隊が協力していたという。それもあり、エンディングロールが流れる四分一五秒ほどは、すべて海上自衛隊の実写だった。そのなかには、海上の爆発物などの処理を任務とする水中処分隊も含まれていた。実写後のアニメーション部分では、イージス艦上の日章旗がひらめき、ズームアウトしながら艦長をはじめとする乗組員たちの敬礼シーンへと続く。また、協力のクレジットとは別に、エンディングロケ取材協力として、東京・舞鶴・横浜に所属する五名の担当官の個人名や部隊名等が明記されていたのも特筆すべき点である。

実は、このような子ども向けのプロパガンダアニメは、戦時中にも製作されていた。有名な作品としては、瀬尾光世が監督した『桃太郎の海鷲』（一九四三年、以下『海鷲』）と『桃太郎　海の神兵』（一九四五年）がある。いずれも桃太郎を天皇あるいは東條英機を彷彿とさせる人物として表象し、実質の主人公であるサル・キジ・イヌが日本兵として鬼たる米兵との戦いで活躍するさまを描いている。『海鷲』の冒頭には、「この映畫を大東亞戰爭下の少國民に贈る」という文言が表示されており、特に当時急務だった少年飛行兵募集の意図があった。究極的には国家への犠牲を強いる「国民精神ノ涵養」を目的とした文化映画というジャンルに位置づけられるこれらのアニメーションは、子どもが自然に国家のために命を捧げるようになることを目的としていたといえる。

本作は、公開当時では「コナン」シリーズ歴代最高興収を記録した。本作を子どもの頃に観て、一時期海上自衛官に憧れたことがあるという声も複数耳にした。大勢の子どもが観る人気アニメのなかで、日本を攻撃する敵国の存在とその敵から日本を守る「カッコいい」自衛隊を描いた意味は、非常に大きいといえよう。

〔註〕

（１）本節は、須藤遙子「自衛隊協力映画における「某国」のスパイ～『亡国のイージス』と『名探偵コナン　絶海の探偵《プライベート・アイ》』の比較から」（『東京都市大学横浜キャンパス紀要　第九号』五七－六一頁、二〇二二年三月）、および須藤遙子「子どもが再び「少國民」になる日　コロナ禍とロシアによるウクライナ侵攻のなかで」（『子ども白書２０２２』かもがわ出版、八八－九一頁、二〇二二年七月）を部分的に引用、加筆した。

第7章　戦争映画

本章では、自衛隊が協力した戦争映画を扱う。一般的に日本の戦争映画においては、政治的経緯を捨象して戦争の苦しみやつらさを表現しようとするストーリーが多い。上野俊哉は一九三〇年代・四〇年代の日本の戦争映画について、「普通、欧米の場合であれば敵の残虐さや非道さを誇張したり、カリカチュラ《ママ》イズしたりすることに戦争プロパガンダ映画は固執するはずである。しかし、日本の『映画戦』において組織されていたモデルはそういうものではなかった。むしろ、兵士や市民が自己をどのように強いものにしていくか、どれだけ苦渋や苦難に耐えぬき、強い主体として自分を組み立てることができるかが、より大きな問題とされたのである」と分析している。これと同様の視点から、ルース・ベネディクトは日本の「戦意高揚映画」を観たアメリカ人は「しばしば、これこそ今までに見た中で、最もすぐれた反戦宣伝だという」との有名な指摘をしている。

戦後の戦争映画の主要なパターンとしては、主たる登場人物が理不尽な戦闘によって死んでいくことで「反戦映画」と認識されるという傾向がある。このような「反戦映画」では、戦争を酷いもの、無意味で二度と繰り返してはならないものとして描いてはいるが、戦争のメカニズムを批判的に分析するような視点はほぼ存在しない。それはむしろ「反戦」というよりは「厭戦」というにふさわしいと、映画評論家の増当《ますとう》竜也は増淵健の「反戦は論理であり、厭戦は感情である」という言葉を引用して指摘している。同様のことを、小熊英二も一九六〇年代における「戦争体験の風化」を原因に述べている。

戦争を美化する「戦記もの」が、「勇戦敢闘」や「純粋無雑」を強調していった一方、戦争の悲劇を伝えようとする「戦争体験もの」は、「悲劇」や「労苦」を情緒的に語る傾向が現れていった。両者は政治的立場としては反対ではあっても、戦争を感傷的に語ることと、戦後思想の最大のバネだった屈辱と悔恨の傷に触れることが少ない点では共通していた。

以上の内容は、本章で扱う自衛隊協力映画に分類される戦争映画にもあてはまる。第2章で詳述した一九六〇年四月の内閣委員会において、日本社会党の石橋政嗣は「最近作られる映画は、ほとんど第二次世界大戦を描いた映画」であるにもかかわらず、なぜそれが「自衛隊の宣伝」になるのかと尋ねている。その質問に対する当時の防衛庁次長事務代理だった門叶宗雄の答えは、「私どもの考えておりますのは、日本はわれわれ日本人の手で守るという意識をぜひ国民皆様に持っていただきたい」というものだった。その目的は、現在でもまったく変わっていない。

1　『きけ、わだつみの声　Last Friends』（一九九五年）

監督：出目昌伸
主演：緒方直人、織田裕二
製作：東映、バンダイ
配給収入：一〇・一億円（邦画ランキング第九位）
協力：防衛庁、航空自衛隊

本作は、一九九五年の戦後五〇年記念作品として製作された。戦後の大きな節目だったことから、唐沢寿明や木村拓哉らが出演した『君を忘れない』（渡邊孝好監督、日本ヘラルド、配給収入四・五億円）、沢口靖子や後藤久美子らを起用した『ひめゆりの塔』（神山征二郎監督、東宝、配給収入五・五億円）、元自衛官という経歴をもつ今井雅之原作・脚本・主演の『WINDS OF GOD』（奈良橋陽子監督、松竹、配給収入一・五億円）など、本作同様に若手人気俳優を大勢起用した戦争映画が多数公開されている。

本作は、学徒出陣で命を落とした学生たちの手記である『きけ、わだつみのこえ』をベースにした、一九五〇年公開『きけ、わだつみの声』（関川秀雄監督、伊豆肇主演、東横映画）のリメイクである。福間良明によれば、旧作では「『聡明な学徒兵』対『無知・横暴な上官』という図式を通して」軍隊の不条理が描かれていた。本作でも引き続き、軍隊内の暴力、アジアでの略奪・強姦・一般人の殺傷、慰安所の朝鮮人、戦場での食人など、映像化されることが少ない旧日本軍の負の現実を数多く描いているのが特徴である。また、「日本はアメリカや中国と戦っているんだ」と日中戦争に言及していることも注目に値するだろう。つまりこの作品は、公開年の一九九五年の終戦記念日に発表された「村山談話」にある「わが国は、遠くない過去の一時期、国策を誤り、戦争への道を歩んで国民を存亡の危機に陥れ、植民地支配と侵略によって、多くの国々、とりわけアジア諸国の人々に対して多大の損害と苦痛を与え」た様子を、真摯に描こうとした作品であったといえるのである。

時代設定として自衛隊そのものが登場するわけではないので、本作と同年に公開された「平成ガメラ」の第一作『ガメラ　大怪獣空中決戦』よりも、協力の規模は遥かに小さかったと思われる。ただし、「愛する人を、守りたかった。」という本作品のキャッチコピーは、第5章で述べたように二〇〇五年以降の一連の自衛隊協力映画のコピーのさきがけともいえるものだ。内容的には決して「愛する人」を強調する個人的なナショナリズムを描いていないがゆえに、このコピーと映画の内容との乖離が、その後の世相の変化を予見させる。

2　『男たちの大和／YAMATO』（二〇〇五年）

監督：佐藤純彌
主演：松山ケンイチ、反町隆史

製作：東映、角川春樹事務所、テレビ朝日、東映ビデオ、朝日放送、広島ホームテレビ、九州朝日放送、北海道テレビ、長崎文化放送、鹿児島放送、朝日新聞社、東京都ASA連合会、中国新聞社、北日本新聞社、東映アニメーション、ゲオ、TOKYO FM、幻戯書房、サンブック社、東映エージェンシー

興行収入：五〇・九億円（邦画ランキング第六位、観客動員数四〇〇万人超〔公開が一二月だったために統計は翌年換算〕）

協力：防衛庁　長官官房広報課、海上幕僚監部　広報室、海上自衛隊　自衛艦隊、護衛艦隊　AOE425「ましゅう」、AST4202「くろべ」、第4護衛隊群　DDH142「ひえい」、呉海上訓練指導隊　潜水艦隊、第1潜水隊群　呉潜水艦基地隊、潜水艦教育訓練隊、掃海隊群　MST464「ぶんご」、呉地方総監部　第22護衛隊　DD130「まつゆき」、DD131「せとゆき」、呉警備隊呉港務隊、YT75、YT89、舞鶴地方総監部　第24護衛隊　DD124「みねゆき」、DE230「じんつう」、舞鶴教育隊、舞鶴音楽隊、幹部学校、第1術科学校、第2術科学校

本作は、一九八四年に第三回新田次郎文学賞を受賞した辺見じゅんの『決定版　男たちの大和』が原作で、戦艦大和に実際に乗り組んでいた将校から兵卒までの複数の人々の証言を元にした作品である。戦後六〇年記念作品で、邦画全体で見ても突出して多い二〇社が製作委員会のメンバーとなり、総製作費二五億円をかけて製作された。

防衛省への調査によると、本作は旧海軍の話であるが、テロ特措法に基づいて派遣された補給艦「ましゅう」帰港の事実を本編への導入部として冒頭で伝えていることが高く評価され、内容も防衛庁・自衛隊を誹謗中傷するものではないことから、協力に値する健全妥当な作品と判断された。人気男性俳優をキャ

スティングしているので、幅広い年齢層の女性観客への防衛思想の普及高揚も見込まれていた。舞鶴教育隊には兵士役の約三〇名の俳優たちが体験入隊したので、俳優個人の自衛隊に関する情報発信にも期待が寄せられていたことが判明している。

DVDパッケージには、「彼らはただ、愛する人を、家族を、友を、祖国を、自らの命に代えて守りたかった……。（略）戦後60年、この痛ましい戦時下の青春、家族愛は、悲劇のシンボル〈戦艦大和〉の思い出と共に、日本人の記憶として永遠に語り継がれていく」とある。ここでは、大和の乗組員が「自発的に国のために死んでいった純粋な人々」という一元化されたイメージに固定され、「日本人」の記憶に沈着させられている。その「日本人」とは、自己犠牲を美とする戦艦大和の魂を受け継ぐべき人々とも解釈できるだろう。

アーロン・ジェローは、『男たちの大和／YAMATO』は「反戦映画」という名目にもかかわらず、すべての日本人が見習うべき無償の愛国心を示した好例として右翼系の評論家から評価されており、第6章で扱った『亡国のイージス』や第11章で述べる『ローレライ』にも共通するように、命と生存を肯定する一方で、戦後の日本の再生を死と敗戦に依拠させるような矛盾するナショナリズムが見られる、と指摘している。これは、「神風特攻隊員を含む、未来のために命を捧げたすべての先祖に感謝するという主張」が、「日本の戦後の高度成長を犠牲死や英雄死と直接結び付けるという形で、新旧のナショナリストの中に復活している」というシュテフィ・リヒターの指摘とも重なる。

もちろん「反戦映画」ということで、母や恋人などの女性たちによる「死んではいけない」というメッセージも繰り返し出てはくる。しかし、そのメッセージは非常に感情的なものであり、前述の区別に従えば「反戦」ではなく「厭戦」にすぎない。また、本作に登場する女性は全員反戦を唱え、同時に反戦を口にする男性は一人も登場しないという、あまりにもステレオタイプのジェンダーロールにも問題があるといわざるをえない。

また、製作に携わっている企業にも注目すべき点がある。本作の製作委員会のメンバーである朝日新聞社は、メディア企業が自社媒体で展開する公的な姿勢と、出資した作品のメッセージが矛盾するケースとしてあげられる。朝日新聞では、自衛隊に関して「精強でなければならないが、意識において旧軍の負の遺産とは明確に断ち切られている必要がある」と社説で主張している。しかし、この作品のＤＶＤに収録されている「映像特典」には、防衛庁海上幕僚監部監理部広報室長（当時）の伊藤俊幸が登場し、「海上自衛隊は帝国海軍の良き伝統の継承者」という発言を繰り返しているのである。

朝日新聞社は、故・安倍元首相をはじめ、後述する『永遠の０《ゼロ》』の原作者である百田尚樹などの保守系論者全般から折りに触れて批判・糾弾されてきたが、本作にも『永遠の０』にも製作委員会のメンバーとして加わっており、系列のテレビ朝日や朝日放送は、第６章で扱った『ミッドナイトイーグル』や後述する『聯合艦隊司令長官　山本五十六』の製作委員会に入っている。自衛隊協力映画の出資者として見るかぎり、朝日新聞社を「サヨク」と攻撃するのは「ウヨク」の妄想とさえ映る。

3 『俺は、君のためにこそ死ににいく』（二〇〇七年）

監督：新城卓
主演：岸惠子、窪塚洋介
製作：東映、CUC、東映ビデオ、シーイーシー、日本テレビ、ゲオ、日本出版販売、産経新聞社、新城卓事務所
興行収入：一〇・五億円（邦画ランキング第二九位、観客動員数：九〇万人）
協力：防衛省　陸上自衛隊　富士学校、武器学校、第302保安中隊

本作は、鹿児島の知覧飛行場のそばで食堂を営む女性と特攻隊員たちの交流を描いた作品である。プレス向け資料によれば、製作総指揮と脚本を担当した石原慎太郎は、本作の主人公である実在人物の鳥濱トメと長年にわたって親交があり、一九九六年にこの映画を企画したという。防衛省の資料によれば、二〇〇六年二月に土浦駐屯地の陸上自衛隊武器学校において、俳優三〇名が二泊三日の体験入隊をし、同年四月には市ヶ谷駐屯地で俳優一二名が一日間の体験入隊を行っている。

前半に「国体は絶対に守らなければならない」という長官に対し、「国体とは何ですか」と部下が問うシーンがある。それに対し長官は、「国体とは日本という国家、民族の意思だ」と答えるが、これは不十分かつ不誠実な説明である。一九三七年五月三〇日に文部省思想局によって発行された『國體の本義』に

は、「大日本帝國は、萬世一系の天皇皇祖の神勅を奉じて永遠にこれを統治し給ふ。これ、我が萬古不易の國體である」とあり、いうまでもなく当時の「惟神《かむながら》の國體」は「天皇を頂点とする万世一系の皇国」を意味していた。また最も重要な点は、本作を含め多くの戦争映画が「天皇陛下」という言葉を巧妙に避けていることである。『俺は、君のためにこそ死ににいく』の「君」は「天皇」を意味しているとも受け取れるが、少なくとも本作品でも「天皇」という言葉は一度も語られない。

こうした奇妙なナショナリズムを、渡辺治は「天皇隠しナショナリズム」と称している。渡辺は小林よしのりの『戦争論』を分析して、「アジア・太平洋戦争をこれだけ正当化しておきながら、天皇を前面に出さないというのは異様である」とし、そこに「近代日本のナショナリズムをなるべく天皇を表に出さずに再構成し正当化しよう」という九〇年代のネオ・ナショナリストの手法を見ている。そして渡辺が指摘するように、「現代はともかく、近代日本の国家行動を天皇抜きで説明することは至難の業」であるのはいうまでもない。しかし映画においては、フィクションという名のもとにその天皇の表象がやすやすと実現され、本作や『男たちの大和／ＹＡＭＡＴＯ』のように、明らかにネオ・ナショナリズムの傾向を持つ戦争映画において、過去の再構築や記憶の書き換えが起こることになるのである。

いずれにせよ、「過去の日本人は今よりも素晴らしかった」という幻想が少しでもあるかぎり、「戦争美化」という批判を逃れるのはきわめて難しいのではないか。とはいえ、本作は製作費一八億円に対し、かろうじて一〇億円を超える程度の興行収入だったため、社会的な影響力が大きかったとはいえないだろう。

4 『聯合艦隊司令長官　山本五十六』（二〇一一年）

監督：成島出
主演：役所広司、柄本明
製作：バンダイビジュアル、東映、木下グループ、ワタナベエンターテインメント、東映ビデオ、テレビ朝日、寿スピリッツ、SBIホールディングス、ブロードメディア・スタジオ、アサツー ディ・ケイ、吉田正樹事務所、ディ・コンプレックス、フードディスカバリー、エネット、新潟日報社、新潟放送、新潟総合テレビ、テレビ新潟、新潟テレビ21、読売新聞社、山陽鋼業、アオイコーポレーション、デスティニー
興行収入：一五・三億円（邦画ランキング第二六位〔公開が一二月だったために統計は翌年換算〕）
協力：防衛省　大臣官房広報課、海上幕僚監部広報室、海上自衛隊　横須賀地方総監部、呉地方総監部、第1術科学校、呉教育隊、幹部候補生学校、呉造修補給所、東京音楽隊、呉警備隊、第1輸送隊　LST4001「おおすみ」、LST4003「くにさき」、第11護衛隊　DD152「やまぎり」、呉港務隊　曳舟YT86、交通船YF2152、交通船YF2137

本作は、副題に「太平洋戦争70年目の真実」とあるように、一九四一年一二月八日の真珠湾攻撃で始まる日米開戦から七〇年を記念してつくられた作品である。六八年公開の『連合艦隊司令長官　山本五十六』（丸山誠治監督、三船敏郎主演、東宝）という同タイトルの作品があるが、東映製作である本作と直接の関係はない。

山本五十六の故郷である新潟県長岡名物の水饅頭に砂糖をかけて食べるほど甘いものが好きだったエピソードなど、山本の人間的な魅力を強調するシナリオが目を引く。「誰よりも、開戦に反対した男がいた」というキャッチコピーが示すように、家族を愛し、部下を大切にし、何よりも日本という国家の未来を案じる山本五十六という軍人が、いかに「平和」を願っていたかということが、くどいまでに強調されている。

これは、一九七〇年代に登場した独特の海軍論として吉田裕が指摘した、「海軍史観」の典型的な例といえるだろう。福間良明はこの論を敷衍するかたちで次のようにまとめている。

今日に至るまで「粗暴で精神主義的な陸軍」と「自由主義的・合理的な海軍」とを対照させたうえで、「海軍が最終的には陸軍に押し切られたとは言え、超国家主義的で侵略的な陸軍に対する抑止力・抵抗勢力として機能した」と見る向きは少なくない。言わば、「悪玉」の陸軍に対し、「善玉」の海軍という対立図式である。

こうした「海軍史観」の象徴としての山本五十六をヒーローとして祀り上げることは、まさに歪んだ歴史認識を生むことになるだろう。本作が、「日本海軍の良き継承者」を自認する海上自衛隊が全面協力した作品であることも意味深長である。山本五十六がもともと人気のある軍人ということもあり、防衛省への調査によれば、中高年を中心にかなりヒットしたということだ。

以上のような問題もあるが、テレビ朝日や読売新聞社をはじめとする多くのメディア企業が製作委員会に入っているにもかかわらず、戦時中にメディアがいかに世論を煽り、国民を戦闘へと駆り立てていったか、そして戦後には手のひらを返したように民主主義を声高に宣伝していったかを丁寧に語るシナリオには、一定の評価ができる。

製作委員会に、山本五十六の出身地である新潟県の地元メディアがこぞって参加していたことも、大きな特徴である。それも功を奏してか、同じく地元が舞台だった第5章『マリと子犬の物語』の公開時同様に、長岡市ではロングランを記録している。

5 『永遠の0《ゼロ》』(二〇一三年)

監督・VFX：山崎貴
主演：岡田准一、三浦春馬
製作：東宝、アミューズ、アミューズソフトエンタテインメント、電通、ROBOT、白組、阿部秀司事務所、ジェイ・ストーム、太田出版、講談社、双葉社、朝日新聞社、日本経済新聞社、KDDI、TOKYO FM、日本出版販売、GyaO!、中日新聞社、西日本新聞社
興業収入：八七・六億円（邦画ランキング第一位〔公開が一二月だったために統計は翌年換算〕）
協力：防衛省大臣官房広報課、海上自衛隊：海上幕僚監部広報室、下総教育航空群、護衛艦「たかなみ」、航空補給処、第1航空群、航空自衛隊：航空幕僚監部広報室、木更津基地

本作は、二〇二四年三月現在で自衛隊協力映画のなかで最高の興行収入を稼いだ、百田尚樹の同名ベストセラー小説の映画化作品である。小説『永遠の0』は、一四年に一四六・四万部を売り上げ、一三年の一八八万部に続いて二年連続文庫売上一位となっている。また、一四年七月に発売されたDVDとBlu-ray Disc（BD）がそれぞれ初週の売上が四・二万枚、五・四万枚で、邦画・洋楽を含めて同年に発売された映画DVDの最高記録、BDに関しては発売一週目にして邦画BD歴代最高記録を樹立した。このように『永遠の0』は、小説のロングヒットから映画のロングヒット、さらにはそのフィードバックとしてのさらなる小説のヒットやDVD等のヒットという、メディアミックス展開の大成功事例となっている。

ストーリーは、「海軍一の臆病者」と呼ばれた特攻隊パイロットであった祖父の足跡をたどる姉弟が、海軍仲間を訪ねながら当時の真相を知っていくというもので、現代の部分と戦中の部分とで構成されている。製作委員会に入っている朝日新聞が「右翼エンタメ」「骨太な愛国エンタメ」と批判したのを筆頭に、本作は「特攻隊美化」「戦争賛美」と糾弾されてきた。これに対し、原作者の百田は「私は『永遠の0』で特攻を断固否定した」にもかかわらず「特攻を賛美して肯定する軍国主義者」と執拗に非難されると反論している。しかし同時に、「賛美して悪いか！美談にして悪いか！日本のために命を捨てて戦った人たちを賛美できない人にはなりたくない。これは戦争を肯定することでは決してない」との発言もしている。

いずれにしても、百田がいわゆる「自虐史観」を一貫して批判し、憲法第九条の改定や国防のための愛国心強化に賛同しているのは事実である。百田の小説の愛読者であるという生前の安倍晋三元首相とも懇意にしており、二〇一三年一〇月二五日には「安倍」カラーが強く反映されたと報道されたNHK経営委員の一人に選ばれ、共著も出版している。また、戦中日本の侵略の事実を同じく認めない元航空幕僚長・田母神俊雄（第2章参照）とも交流があり、田母神が東京都知事選に立候補した際には応援演説を行うなど、自身の保守的思想を明確にしている。

本作『永遠の0』を筆頭に、第6章で扱った『名探偵コナン　絶海の探偵《プライベート・アイ》』と『図書館戦争』（佐藤信介監督、岡田准一主演、東宝、興行収入：一七・二億円）を加えた二〇一三年に公開された自衛隊協力映画三作品は、いずれも興行的にかなりの成績を収めた。この成功には、「嫌韓憎中」ムードのなかで「日本を守る」ストーリーがすっかり定着し、すでに「人気者」としての地位を確立した実際の自衛隊の存在が背景にあったことが要因としてあげられるだろう。これについては、第12章で詳しく論じたい。

第8章　マンガ原作の作品

本章では、マンガ原作の自衛隊協力映画作品を取り上げる。すでに一定数のファンがいる作品を原作とすることで金銭的なリスクを軽減し、メディアミックス効果を狙った作品群である。本章で扱わなかったマンガ原作の作品としては、陸上自衛隊が協力した『サトラレ TRIBUTE to a SAD GENIUS』（本広克行監督、安藤政信主演、東宝、二〇〇一年、興行収入：不明、一〇億円未満。シリーズ全一四巻）がある。

また自衛官が主人公のマンガとしては、藤原さとし『ライジングサン』（双葉社、二〇二四年三月現在でシリーズ全二九巻、累計発行部数一九〇万部超）、かわぐちかいじ『ジパング』（講談社、二〇〇九年五月現在でシリーズ全一七巻、累計発行部数一五〇〇万部超）、ＢＯＮＥＳ・樋口真嗣・岡田磨里『ひそねとまそたん』（ＫＡＤＯＫＡＷＡ、全一巻）、花津ハナヨ『たたかえ！　ＷＡＣちゃん』（芳文社、全一巻）などがある。ライトノベルが原作でマンガ展開もされている作品としては、柳内たくみ（著）・竿尾悟（イラスト）『ゲート　自衛隊　彼の地にて、斯く戦えり』（アルファポリス、二〇〇六年、二三年一二月現在でシリーズ全一七巻、電子版を含めた累計発行部数七〇〇万部超）がある。

自衛隊の協力のある／なしにかかわらず、このようにかなりの発行部数を誇る作品がいくつもあるという事実は、自衛隊の人気が高い証拠といえる。

1 『右向け左！ 自衛隊へ行こう 劇場版』（一九九五年）

監督：冨永憲治
主演：村上淳、立河宣子
製作：ケイエスエス
配給収入：（不明、一〇億円未満）
協力：防衛庁 長官官房広報課、陸上幕僚監部広報室、東部方面総監部広報室、陸上自衛隊富士学校、習志野駐屯地第1空挺団 本部中隊 普通科群 特科大隊 対戦車隊 施設隊 管理中隊、落下傘整備中隊 空挺教育隊 習志野駐屯地業務隊、駒門駐屯地第1特科連隊 第1大隊 第2大隊 第3大隊 本部中隊 情報中隊、第1機甲教育隊 第2中隊 第3中隊 第4中隊、朝霞駐屯地業務隊、東部方面航空隊 東部方面ヘリコプター隊、航空幕僚監部広報室、入間基地 中部航空警戒管制団管理部広報班、第2輸送航空隊 第402飛行隊

本作は、史村翔原作・すぎむらしんいち作画『右向け左！』の映画化作品である。講談社『週刊ヤングマガジン』の一九八九年八号から九一年二五号まで掲載され、単行本全八巻となっている。映像作品としては、陸上自衛隊が協力したビデオ映画作品『右向け左！ 自衛隊へ行こう』と『右向け左！ 自衛隊へ行こう 2』の続編にあたる。原作では下品なネタや暴力シーンが多いが、映画ではこうしたトーンはか

なり抑えられている。

本作には「目指せ！日本のトップガン‼　愚連隊再集結で贈る、汗と涙と笑いの青春ドラマ！」というキャッチコピーが付けられ、青春ドタバタコメディに仕上がっている。第2章『BEST GUY』と同様に、この作品でも『トップガン』が引き合いに出されているが、描かれているのは戦闘機パイロットではなく、落下傘降下を行う空挺部隊である。自衛隊そのものが舞台なので、登場人物はほとんど自衛官だが、『BEST GUY』に見られるような「カッコよさ」はほぼなく、むしろ「若者らしさ」を全面に出すことで、理想的な自衛官というよりは親しみやすい自衛官を描いているといえる。

そのため、ストーリーには自衛隊の建前をからかうような場面もある。たとえば、メンバーの一人である自衛隊オタクは「精鋭無比な空挺隊員となり、この国を守るのが日本男児としての任務だ」と真面目な顔でいうが、他のメンバーたちはそれを無視あるいは失笑している。作品の印象としては「軍隊もの」というより「スポ根もの」である。しごきのシーンが何度も出てはくるが、ギャグを織り交ぜながらチームワークの楽しさや美しさのほうがより強調されている。ただし、空挺訓練のシーンだけは航空自衛隊協力映画らしく、かなりきちんと撮られていた。

この作品の最大の特徴といえるのは、自衛隊が「明るい組織」として表象されている点である。典型的な現代の「フツー」の若者として設定されている主人公でも、最後には「俺、鬼塚曹長を目標として頑張ります！」と宣言するまでに「成長」する。苦しいこともあるが仲間とともに頑張る楽しさを描く内容は、当時の自衛隊がア・プリオリに持っていたマイナスイメージをかなり軽減させている。つまり、カッコいい自衛隊を描かなかったことにより、逆に自衛隊のイメージアップに貢献している作品であるともいえるのである。

防衛省の資料によれば、「コミック漫画『右向け左』は、自衛隊を題材にした青少年層に人気のある作品である。協力依頼作品はこれを基にして自衛隊で築かれる友情をテーマに取り上げた青春映画であり、作品のなかに自衛隊の生活や訓練状況が描かれている。特に、普段あまり目にすることのない空挺団の訓練風景等を視聴者に正しく伝えることは広報上相当の効果が期待できるものと考えられる」という理由から協力を承諾している。オープニングの前に「撮影協力　防衛庁　陸上自衛隊　航空自衛隊」のテロップが出る。また、撮影に関わった一二五名の自衛官個人の氏名がエンドロールで流れるのは、他の作品には見られないもので大変めずらしい。

ビデオ作品発売の際には、『週刊ヤングマガジン』でキャンペーンが行われた。「ビデオ映画『右向け左！　自衛隊へ行こう』を美人自衛官と観よう！」として、一九九四年五月一四日に東京会場の練馬駐屯地と大阪会場の伊丹駐屯地でそれぞれ一日二回行われた試写会に、五〇〇組一〇〇〇人が招待されている。この企画に関連した記事は、『週刊ヤングマガジン』誌上で二回にわたって掲載された。最初の記事では、二二歳の女性陸士長が制服姿でにっこりと微笑む写真が一ページをほぼ全部使うかたちで掲載され、簡単な談話を含めて見開き二ページで試写会の告知がされた。企画終了後のリポート記事は一ページで、やはり同じ女性陸士長の写真が四分の一を占め、試写会当日に行われた彼女とのトークが簡単にまとめられている。

いずれの記事も「美人自衛官」「ＷＡＣ（Women's Army Corps：女性自衛官）」という言葉を何度も使い、ジェンダー要素を前面に出しているのが特徴だった。これは、『右向け左！　自衛隊へ行こう』という作品が、男ばかりの自衛隊生活のなかでいつも女性に不自由している若い自衛官を描いていることと連動している。つまりキャンペーンに登場した女性陸士長は、ヒロインである浅野三曹の存在を実体化する役目を果たし、試写会に集まった男性読者に対して、自衛隊へのささやかな夢を見せる役割を担っていたのである。ジェンダーに対する社会的な意識がさほど高くなかった時代とはいえ、かなり問題のある広報だったのは間違いない。

2　『守ってあげたい！』（二〇〇〇年）

監督：錦織《にしこおり》良成
主演：菅野美穂、杉山彩子
製作：衛星劇場、エヌエスアド、小学館、スタジオぴえろ、ゼアリズエンタープライズ、竹書房、日本出版販売、ビジネスエクステンション、マルカ
興行収入：（不明、一〇億円未満）
協力：防衛庁 長官官房広報課、陸上幕僚監部広報室、陸上自衛隊東部方面総監部広報室、陸上自衛隊富士学校広報班、陸上自衛隊東部方面隊　第1教育団婦人自衛官教育隊　第31普通課連隊、第32普通課連隊、第34普通課連隊、第1後方支援連隊、第1偵察隊、第1施設団、第1教育団第1機甲教育隊、第2高射特科群、東部方

面通信群、東部方面航空隊、東部方面武器隊（第102不発弾処理隊）、東部方面輸送隊、東部方面総監部付隊、東部方面音楽隊、朝霞駐屯地　業務隊、陸上自衛隊富士学校　機甲科部、管理部、富士教導団本部付隊、普通科教導連隊、特科教導隊、戦車教導隊、偵察教導隊、第110施設大隊、自衛隊東京地方連絡部、自衛隊埼玉地方連絡部（クレジットでは、「朝霞駐屯地の皆さん」「富士学校の皆さん」とあった）

本作は、一九九四年から九五年にかけて小学館『週刊ヤングサンデー』に連載された同名人気マンガの映画化作品である。くじらいいく子原作で、単行本全四巻となっている。錦織監督は元自衛官で、映像の世界への志を捨てられずに一任期で除隊したという経歴を持つ。

前項『右向け左！ 自衛隊へ行こう　劇場版』（以下、『右向け左』）と同様に、本作も自衛隊そのものが舞台となっており、主人公をはじめとする主要な登場人物は全員自衛官である。また理想化された自衛官ではなく、親しみやすい組織としての自衛隊を描いているのも共通している。とはいえ「一生懸命頑張る」主人公らの姿は、模範的な自衛隊のあり方とも重なるため、軽妙でコミカルなトーンのなかに散りばめられた彼らの真面目さや必死さは、かえって自衛隊という組織の性格を浮かび上がらせる効果にもなっている。

本作は「失恋の痛手から自衛隊に入隊してしまった、ごくごく普通の女の子の青春模様」を描いており、自衛隊協力映画のなかで初めて女性自衛官を主人公としたという点で、特に注目に値する。人気女優の菅野美穂が主演するという話題性もあり、自衛隊の協力も大規模だった。「戦車・戦闘機がバンバン登場する平成版『ガメラ』ほどではないけれど、『ゴジラ』よりも上のレベルの協力体制」だったと当時報道されている。調査によれば、協力期間は約三〇日間に及んだ。

その協力規模に合わせるように、作品のキャンペーンもかなり派手に行われている。まずは撮影中に、ロケ地である陸上自衛隊朝霞駐屯地で最初の会見が実施された。主役を演じた菅野美穂がヘルメットを被った迷彩服姿で小銃を持ち、炎天下で匍匐《ほふく》前進をする写真が、少なくとも五誌のスポーツ新聞と四誌の週刊誌に掲載されている。主人公・サラサが属する班の八人全員が「82式指揮通信車」の前で整列している見開き写真を含め、三ページにわたって現場リポートを載せている軍事専門誌もあった。さらに完成披露記者会見では、菅野をはじめとする出演者らが、最初の会見同様にヘルメットを被った戦闘服姿で小銃を抱え、自衛隊の車両に乗って会場である東京へリポートに登場するという演出がなされている。菅野は軍用車両とヘリコプターの前で「私たち2等陸士が厳しい訓練を積み、友情をはぐくんで成長していく姿を全国の方々に見ていただきたい」と声明文を読み上げ、直立不動で敬礼したという。この様子は、翌一二日に少なくともスポーツ新聞を中心とする八紙で取り上げられた。俳優の菅野が自衛官としていかに優秀かを、自衛隊関係者の談話として報じたメディアもあった。

実は『右向け左』には「うそが多い」点を問題視して、本作の協力にあたっては内部で慎重な意見が出され、防衛庁から細かい注文がついていた。調査によれば、「たとえ、コメディであっても、あまり現実とかけ離れた内容は、協力する側の意欲低下につながる。したがって、自衛隊の日常生活及び訓練の内容について、適時適切なアドバイスが出来る要員が必要と考える」として、「技術指導者」が配置されていたのである。これにより、本作では「陸自の教官が付きっきりで『指導』、俳優さんたちの水分補給や食事等もアドバイスした」結果、出演者らが徹底した自衛官ぶりを発揮することになったといえるだろう。また防衛庁からは、「コメディの中にも『友情』『信頼』『団結』というテーマがもっと前面に出てくると協力する側の意欲が増す」というような意見も製作側に出されていた。

とはいえ、登場する自衛官たちは『右向け左』と同様に、普通に恋愛し、できるならあまり努力せずにお金がほしいと考える、これといった才能もないありふれた現代の若者たちである。「日本」を守るという意識はまったくなく、むしろ不自然なほど政治性がないことも共通していた。

その一方で、この二つの作品に重要な相違点を見出すことが可能だろう。『右向け左』では、主人公を含めて登場人物らの心情が描かれる場面はなく、そのあっけらかんとした描写と演出がコメディ要素を際立たせていた。それに比べて『守ってあげたい!』で強調されるのは、サラサをはじめ登場人物たちの内面的葛藤である。失恋したサラサは、恋愛に対して以前ほどポジティブな感情を持つことができない。また、社会で認められるような資格や才能がないことにコンプレックスを持ち、未来に不安を抱きはじめている。同じ班の仲間たちも、何かしらの失敗や敗北ののちに入隊した者ばかりだ。「やめたって帰るとこなんてどこにもない」という彼女らは、自衛官としての二年間の訓練になんとか耐えることによって、崩壊しそうな自我を懸命に維持しようとするのである。

この作品に見られるアイデンティティ・ポリティクスは、非常に重要である。登場人物らは、まず「自分が自衛官であること」に疑問やためらいを持っている。にもかかわらず、「もうこれ以上社会から落ちこぼれたくない」という切実な思いから、逆に「アイデンティティとしての自衛官」が形成されているのである。それは当然ながら、自衛隊という組織にとって非常に都合のいい、「自衛官としてのアイデンティティ」に必然的に結びついていく。彼女たちは、「国」のために自衛官としての任務をこなしているのではない。あくまで「自分」のために、いわば「たまたま」自衛官となった。しかし、「自分」の意地とプライドによって自衛官として頑張りつづけることで、「結果的に」自衛官としての任務をまっとうしてしまうことになるのである。

これは、強い個人を要求する新自由主義のイデオロギーとかなりの相関関係があるといえるだろう。つまり、「頑張っている自分」にすがりつかずには生きていけないような社会の暴力性が前提として存在し、そうした暴力性があるからこそ自衛官という職業が普通の若者たちに魅力的な職業としてアピールされる新自由主義的な社会状況があるのだ。これについては、第12章で詳述したい。

映画作品としては、アメリカで一九八〇年、日本で八一年に公開された米ハリウッド映画の『プライベート・ベンジャミン』（ハワード・ジーフ監督、ゴールディ・ホーン主演、ワーナー・ブラザース）との共通性が指摘できる。この作品は、新婚初夜に夫に死なれたベンジャミンが半ばやけで陸軍に入隊してのドタバタコメディである。最終的にベンジャミンは男に頼ることをやめ、自分の力で生きていくという選択をする。同じ隊の女性たちのキャラクター設定も似ており、『守ってあげたい！』が日本版『プライベート・ベンジャミン』を目指した観は大いにある。この作品の影響は実は『右向け左』にも見られ、ベンジャミンが空挺団に配属されてからの訓練シーンは、ほぼ同じ構図で撮られていた。

『守ってあげたい！』には、原作には存在しなかった興味深いエピソードが一つ挿入されている。五歳のときに飛行機事故に遭い、自衛隊によって助け出されたという、鬼班長・中蜂あやめの隠された過去だ。中蜂の部屋に忍び込んだサラサは、スクラップ帳に貼ってある航空事故の新聞記事を偶然発見する。「日空機事故からの奇跡の生還」という内容の記事には、ヘリコプターに吊り上げられる救難者を抱えた自衛官の写真が写っていた。群馬県という地名からしても、それが一九八五年八月一二日に実際に起きた日航機事故を暗に示しているのは明らかである。その記事は中蜂が自衛隊に入るきっかけを示しており、訓練に対する彼女の異常なまでの厳しさを説明するものでもある。それを見たサラサは、モノローグで「人っていろんなことを背負って生きているんだね。今日ちょっぴりそう思った」といい、嫌気がさしていた自衛隊生活に対して「もう少しやってみるよ」と続ける決意をすることになる。

自衛官の経歴を持つ錦織監督は、「自衛隊の人は本当にフツーの人なんです」「現実に即した、普通の女の子のリアリティを描きたい」と語っていた。また主役の菅野も、「自衛隊のアピールという映画ではなく、女の子の成長の物語だと思い仕事を引き受けた」とコメントしている。そして、その「フツーの人」の「リアリティ」こそが、陸幕広報に「自衛隊の真の姿を描いてもらっています」といわしめる結果ともなっていたのである。

3 『沈黙の艦隊』（二〇二三年）

監督：吉野耕平

主演：大沢たかお、玉木宏
製作：Amazonスタジオ
興行収入：一三・七億円（邦画ランキング第二四位）
協力（エンドロールには「特別協力」と記載）：防衛省　海上自衛隊

本作は、一九八八年から九六年まで講談社『モーニング』で連載された、かわぐちかいじ原作の同名マンガの映画化作品である。二〇二三年一月には、紙と電子の両媒体を合わせた累計発行部数が三二〇〇万部を超えた大ヒット作品だ。二〇二四年二月には、劇場版の未公開シーンにその後のストーリーを追加した『沈黙の艦隊　シーズン1〜東京湾大海戦〜』が、オリジナルドラマのエピソード1－8として、Amazon Prime Videoより八本配信された。劇場版と同様に、ドラマシリーズでもエンドクレジットには「特別協力　防衛省　海上自衛隊」と表示される。エピソード1、2、7、8は本作と同じ吉野耕平が監督し、3と4は中村哲平、5は蔵方政俊、6は岸塚祐季が監督している。このドラマの好評により、シーズン2の制作決定も発表された。

本作は、米国企業のAmazonスタジオが日本映画の製作に携わった初めての作品という面でも注目される。自衛隊協力映画としても海外の企業による製作は初めてであり、また動画配信のサブスクリプションサービスでの自衛隊協力のオリジナルドラマ展開も初めてである。海上自衛官がテロを起こして米空母を沈めるという映画作品へのアメリカ企業の出資にはかなり違和感も感じるが、ロングセラーのヒット作品の映画化という興行的な手堅さが優先されたのだろうか。

近年公開された「潜水艦もの」としては、第11章で扱う二〇〇五年公開の『ローレライ』と〇九年公開の『真夏のオリオン』（篠原哲雄監督、玉木宏主演、東宝、興行収入五・七億円）がある。『真夏のオリオン』は、第二次世界大戦末期の太平洋における日本の潜水艦とアメリカの駆逐艦の戦いを描いた作品で、『ローレライ』の原作者である福井晴敏が、監修と脚色で携わっている。どちらの作品にも自衛隊の協力はなかったため、『沈黙の艦隊』への大規模な協力は注目に値する。

本作では、主演兼プロデューサーの大沢たかおが自ら連絡し、防衛省・自衛隊の協力を得たとされる。読売新聞での大沢のインタビューによれば、主人公が自衛隊に反逆する内容もあるが、自衛隊には「思いのほか好意的に受け止めていただいた」ということだ。日本初の実物の潜水艦を使用した撮影が実現しており、潜水艦の艦体にカメラを設置して撮った迫力のあるシーンなども含まれている。潜水艦内部の見学では写真も撮れなかったというが、そもそも潜水艦部隊は自衛隊のなかでも最も機密性の高い部署の一つなので、見学・撮影が実現したこと自体が非常に稀少といえるだろう。

劇場用パンフレットによれば、潜水艦の発射管室や機械室は広島・呉で撮影され、その他、海上自衛隊・横須賀基地、館山航空基地、下総航空基地、厚木航空基地などでもヘリコプターや哨戒機などが撮影されたということだ。その他の協力としては、役作りのための広島県江田島の海上自衛隊幹部候補生学校訪問、同県呉市の海上自衛隊呉史料館「てつのくじら館」に展示されている潜水艦「あきしお」の非公開エリア見学、潜水艦乗組員による所作指導などがあったという。

吉野監督は「潜水艦はCGだろうと思っていましたが、思ったよりも実写の比重を多くやらせてもらえた」と語っている。また、「現場にもずっと自衛官の方に居ていただいて、意見をうかがいながら撮影」していたとも証言しているので、機密保持の目的もあるとはいえ、つきっきりの指導・アドバイスがあったということだ。

ちなみに主演の大沢と玉木宏のコンビは、第6章の二〇〇七年公開『ミッドナイトイーグル』以来となる。玉木は、前述の『真夏のオリオン』で主演し、第11章の『空母いぶき』にも出演している。自衛隊協力映画あるいは協力はなくても戦争やテロ映画などの俳優陣には、このようにたびたび重なりが見られる。単なる作品と俳優の相性なのか、あるいは所属するプロダクションの傾向なのかは不明だが、いずれにしても興味深い。

第9章　萌えミリ作品(1)

本章では、「萌え」とミリタリーを組み合わせた、いわゆる「萌えミリ」と称される作品を対象とする。そのなかでも、自衛隊と関係が深い『ガールズ&パンツァー』（以下、ガルパン）を詳しく扱う。脚本は吉田玲子、キャラクターデザイン原案は「萌え絵師」ともいわれる島田フミカネである。

ガルパン以外の代表的な「萌えミリ」作品としては、二〇〇五年からマンガ連載が開始された島田フミカネ他原作の『ストライクウィッチーズ』（その後、制作された作品をまとめた総合プロジェクト「ワールドウィッチーズシリーズ」に発展）がある。兵器等のメカ（この作品の場合は、第二次大戦中の空軍兵器）と美少女を合体させた「メカ少女」と一般的に称されるキャラクターを主人公とする作品で、ライトノベルやテレビアニメ、オリジナル・ビデオ・アニメーション（ＯＶＡ）など多くのメディア展開をしている。後述するように、この作品は自衛官募集ポスターに起用され、多くの批判を浴びた。

ガルパンと並んで「萌えミリ」の代表作といえるブラウザーゲーム『艦隊これくしょん－艦これ－』は、「旧日本軍の駆逐艦や軽巡洋艦、重巡洋艦を擬人化した「艦娘（かんむす）」で艦隊を編成、育成、強化しながら、無敵の連合艦隊を目指す育成シミュレーションゲーム」である。二〇一三年四月にサービス開始、一五年一月から三月までテレビアニメ版が放送され、一六年一一月には『劇場版 艦これ』が公開された。二〇二二年六月現在で、ゲームのプレイヤー数は四六〇万人超と報道された。この作品にも、キャラクターデザインで島田フミカネが関わっている。

いずれの作品も、ベースとして少女キャラクターの萌え要素があり、作品のスパイスとして精密に描かれた兵器や機械、リアルな戦闘シーンや緻密な戦術、仲間同士のチームワークや友情、あるいは日常生活などが描かれているのが特徴である。後述するように、自衛隊の広報ポスターには萌えキャラクターが多用されているが、それはまさにリアルミリタリーと萌え少女とのコラボレーションといえるだろう。

1 『ガールズ&パンツァー』(二〇一二年〜)

ガルパンは、二〇一二年一〇月から一二月まで、東京メトロポリタンテレビジョン(TOKYO MX)で放送されたアニメ作品で、全一二話と総集編二話がある。一四年七月にはOVAが発売され、一五年一一月には『ガールズ&パンツァー 劇場版』、一七年一二月から二三年一〇月までに『ガールズ&パンツァー 最終章』として全四話が劇場公開された。

茨城県大洗町を舞台にしたガルパンには、二〇一一年に起きた東日本大震災による津波と福島第一原発事故からの復興の意味が第一に込められている。震災時、大洗町では最大で四・二メートルの津波を観測し、防災無線が功を奏して津波による死者は出さなかったものの、街は大きな被害を受けた。さらに原発事故の影響により、年間五〇〇万人を超えていた観光客が激減することになった。

ガルパンのプロデューサーであるバンダイビジュアルの杉山潔《きよし》氏は、筑波大学出身で当時も茨城県内在住、「美少女と戦車」というコンセプトでの作品を企画中に震災が起こり、「アニメで被災地を応援できないか」という思いと結びついて、幼少時代に海水浴に来ていた大洗を舞台とすることになったという。放送前から先行コミカライズが行われるなど、典型的なメディアミックス戦略がとられた。二〇一四年四月二三日に行った、大洗町における商工会議所や商店へのインタビューを含む現地調査によれば、メディア会社のバンダイビジュアルがストーリーを含めたプロジェクト全体を企画し、事前に大洗町への調査やストーリーへの登場許可などの根回しを行い、商店などの著作権も管理しているということだ。

大洗町で地元の人々が中心となって開催されるイベントには、名産のあんこうの吊るし切りを目玉として毎冬開催されてきた「あんこう祭」と、東日本大震災からの復興を目的に商工会青年部が二〇一二年三月から開始した「海楽フェスタ」の二つがある。その状況に早くも変化が現れるのが、ガルパン放送開始からすぐの二〇一二年一一月に開催された第一六回あんこう祭である。ここからガルパン関連イベントとの同時開催になったのだが、すでに従来の来場者数の二、三倍近くの六万人が訪れ、地元の人々や制作スタッフを驚かせた。

以降、**表7**のように、大洗町でのイベント来場者数は、ガルパン放送開始以降コロナ禍前までは、増加の一途をたどっている。

ガルパンのストーリーは、戦車を使った武道である「戦車道」が、茶道や華道のような大和撫子のたし

表７　ガルパン放送開始以降の大洗町でのイベント来場者数

2012年10月	ガルパン放送開始	
11月	第16回あんこう祭（ガルパン関連イベントの同時開催開始）	約６万人
2013年３月	第２回海楽フェスタ	約５万人
11月	第17回あんこう祭	約10万人
2014年３月	第３回海楽フェスタ	約５万人
11月	第18回あんこう祭	約10万人
2015年３月	第４回海楽フェスタ	約５万人
11月	第19回あんこう祭	約10万人
2016年３月	第５回海楽フェスタ	約８万人
11月	第20回あんこう祭	約13万人
2017年３月	第６回海楽フェスタ	約８万人
11月	第21回あんこう祭	約13万人
2018年３月	第７回海楽フェスタ	約８万人
11月	第22回あんこう祭	約13.5万人
2019年３月	第８回海楽フェスタ	約６万人
11月	第23回あんこう祭	約14万人
2023年11月	あんこう祭2023（ガルパン関連イベント復活）	約６万人
2024年３月	海楽フェスタ2024	約４万人

註）2020－21年は，両イベントとも新型コロナ蔓延により中止。22－23年の海楽フェスタは，ガルパン関連イベントなしで開催し，来場者数約１万人。22年のあんこう祭は，同じくガルパン関連イベントなしで開催し，来場者数約５万人。

なみとされているという設定で、女子高生たちが全国大会優勝を目指して戦車で戦うというものである。あくまで競技なので殺し合うわけではなく、ヘルメットさえ着用せずに撃ち合っても怪我すらほとんどしないという徹底したファンタジーだが、その一方で、一九四五年八月一五日までに設計、試作されていた車両や部品を使用しなければならないという「戦車道」の規定により、第二次世界大戦期の世界各国の戦車が３ＤＣＧ技術を使用してミリタリーファンも唸らせる精度で描かれているのが特徴である。

ガルパンには、陸上自衛隊の最新ハイテク国産戦車である10《ヒトマル》式戦車に乗った女性自衛官が教官として登場する。『よみがえる空"RESCUE WINGS"』他、戦闘機や潜水艦が登場するいくつかのアニメ作品や、「AIR BASE SERIES」という航空自衛隊のドキュメンタリー・ビデオシリーズを長年手がけてきた杉山プロデューサーには、すでに自衛隊にパイプがあったという。ガルパンの制作にあたっては土浦武器学校を訪問し、戦車走行中の車内の振動、音、会話を体感するために、スタッフ一〇名ほどが交代で乗せてもらったというが、こうした「特別扱い」のための交渉術には「ずっと自衛隊ものをやっていた私には一日の長がある」と杉山は明言している。

茨城県には各県にある地方協力本部（以下、地本）のほか、陸上自衛隊の勝田駐屯地、土浦駐屯地、霞ヶ浦駐屯地、朝日分屯地、古河駐屯地、航空自衛隊の百里基地がおかれ、もともと自衛隊との関係が深い土地である。よって、県内のマラソン大会や各種イベントの際には、広報ブースが出されたり、駐屯地で花火大会が催されたりするのが恒例だ。大洗町での自衛隊広報としては、「海洋思想の啓蒙や啓発」を行う期間として「大洗海の月間」が設定され、コロナ禍の時期を除いて毎年「艦艇公開in大洗」というイベントが実施されてきた。この艦艇公開自体は、全国の海上自衛隊基地で行われているのでめずらしくないが、大洗町ではガルパンとのコラボによってイベントの規模が大きくなっており、多くの自衛隊装備品が展示されているのが特徴である（次頁、表8）。

ガルパンと自衛隊との協力は、放送開始から約半年後の二〇一三年三月に開催された第二回海楽フェスタから開始された。前年のあんこう祭でガルパン効果を実感した大洗町から、戦車を展示できないかという要望が勝田駐屯地にあったという。当初は、茨城地本の広報担当者も不可能と考えていたそうだが、結

表８　大洗町で開催されるイベントと自衛隊の協力

2013年３月	第２回海楽フェスタ	74式戦車，自民党・石破茂幹事長のビデオメッセージ
2013年７月	海の月間イベント～艦艇公開 in 大洗＆大洗海開きカーニバル	訓練支援艦「てんりゅう」，10式戦車，96式装輪装甲車，94式水際地雷敷設装置
2014年７月	海の月間イベント～艦艇公開 in 大洗	多用途支援艦「えんしゅう」，ペトリオット発射システムPAC-3，96式装輪装甲車，87式偵察警戒車，軽装甲機動車，救急車，偵察バイク
2015年７月	海の月間イベント～艦艇公開 in 大洗	護衛艦「ちくま」，94式水際地雷敷設装置，ほか14年展示と同様の兵器
2016年７月	海の月間イベント～艦艇公開 in 大洗	15年の展示兵器に加え，ミサイル運搬車，７tトラクタ，10tレッカー車など
2017年７月	海の月間イベント～艦艇公開 in 大洗	護衛艦「さわぎり」「あさゆき」，ほかペトリオット発射システムPAC-3を除外し14年展示とほぼ同様
2018年７月	海の月間イベント～艦艇公開 in 大洗	護衛艦「やまぎり（DD-152）」，地対空誘導弾ペトリオット，87式偵察警戒車などの自衛隊装備品展示，茨城地本広報大使「オニツカサリー」With陸上自衛隊施設学校音楽隊による演奏会
2019年７月	海の月間イベント～艦艇公開 in 大洗	SH-60J／K哨戒ヘリコプター搭載の護衛艦「ゆうぎり（DD-153）」，地対空誘導弾ペトリオット，81式短距離地対空誘導弾などの自衛隊装備品展示，洋上救出訓練展示や救難トークショー
（新型コロナ蔓延により中止）		
2022年７月	海の月間イベント～艦艇公開 in 大洗	掃海艇「ちちじま」，96式装輪装甲車，軽装甲機動車，偵察用オートバイなどの自衛隊装備品展示
2023年７月	海の月間イベント～艦艇公開 in 大洗	掃海艇「えのしま」，自衛隊装備品展示

局は74式戦車の展示が実現している。

その四か月後、大洗港の震災からの完全復旧を祝う「大洗海開きカーニバル」との同時開催となった二〇一三年七月開催の「艦艇公開in大洗」では、逆に茨城地本のほうから大洗の関係者に、訓練支援艦「てんりゅう」の一日艦長にガルパンの声優を頼めないかと打診があったとされる。このイベントでは、ガルパンに登場する10式戦車が展示されたことも大きな話題となった。最新鋭の戦車の展示は、輸送や警備の面からほぼ不可能なのだが、陸上自衛隊幕僚監部広報室をはじめ各部署が協力し、「大洗の奇跡」として実現したということである。

翌年二〇一四年七月の「艦艇公開in大洗」では、展示された装甲車の周囲等にガルパンのキャラクターパネルがいたるところに設置された。また、来場者にはガルパンのキャラクターが描かれたうちわが配られている。

以上のような熱狂的なガルパン人気のなかで、二〇一五年一一月に『ガールズ&パンツァー 劇場版』が公開された。

『ガールズ&パンツァー 劇場版』（二〇一五年）

監督：水島努
主演（声）：渕上舞、茅野愛衣
製作：バンダイビジュアル、ランティス、博報堂DYメディアパートナーズ、博報堂DYミュージック&ピクチ

ヤーズ、ムービック、キュー・テック
興行収入：二四・五億円（邦画ランキング一三位、二〇一七年八月には二五億円超）

本作の特徴は、公開から一年九か月を経ても興行収入が伸びつづけたことが示すように、かなり息の長いロングヒットとなったことである。ガルパンのファンは三〇代後半以上の男性が中心となっており、「ガルパンおじさん」と称される彼らには、何度も劇場に足を運べる経済的なゆとりがあったことも一因としてあげられるだろう。「ガルパンはいいぞ」というフレーズがファン以外にも広まり、戦闘シーン等の臨場感が増す「爆音上映」や、好きなキャラクターやチームが登場する際に大声が出せる「応援上映」なども、本作にフィットして人気を後押しした。

「ガルパンおじさん」は、当時から流行していた「アニメ聖地巡礼」による大洗町のまちおこしにも大きく貢献している。ガルパンの主人公らは大洗女子学園という架空の高校に通っている設定だが、アニメでは戦車戦の舞台ともなっている大洗の街並みがＣＧで忠実に再現されており、大洗観光協会のホームページでダウンロードできる「大洗市街戦攻略地図」や「街なか戦車せいぞろい地図」を片手にファンが散策できるようになっている。また、商店街にはガルパンキャラクター五四体の等身大パネル（図12）が飾られており、ファンは目当てのキャラクターが飾ってある店を訪ねていく仕組みだ。商店街の住民らも非常にガルパンのストーリーに詳しく、ファンとの交流が盛んである。

地元のコラボレーション商品も多くあり、大洗町商工会が独自に商品化したステッカーや缶バッジなども販売されている。その他、作品に登場した食べ物やメニューを忠実に再現して販売する店や、ファンの交流場として機能している店などもある（図13）。自治体への寄附で所得税や住民税の還付・控除が受けられる「ふるさと納税」でも、二〇一五年にガルパンとタイアップした食品など二三〇品目を返礼品に加えたところ、申し込みが急増し、受入件数は前年度比約三五倍、受入額は前年度比約二六倍の二億円超という結果が出ており、ガルパンの経済効果は計り知れない。

図12　メインキャラクターの等身大パネル

筆者撮影

図13　大洗マリンタワー内にあるガルパン喫茶「パンツァーフォー」の店内

筆者撮影

図14　自衛隊「萌え」ポスターの一例（左より2010年度徳島地本、2013年度香川地本、2024年度茨城地本）

そしてその効果は、自衛隊広報にまで及ぶことになった。二〇二〇年まで毎年一般公開されていた富士総合火力演習（総火演）は、唯一実弾を使用する自衛隊屈指の人気イベントだったが、一三年八月の総火演には六〇〇〇人の観覧枠に約一一万人が応募し、その多くがガルパンファンだったと報道された。一七年の応募総数は一五万三六一通、当選倍率は約二九倍であり、近年の自衛隊イベントの人気にガルパンが貢献しているのは明らかである。ファンのほうでも自衛隊による広報の便乗を大いに歓迎しており、いわばwin-winの関係になっている。

2　自衛官募集ポスターから考える「萌え広報」

自衛隊広報でのこうした大々的なガルパンのフィーチャーには、いまやすっかり定着した感のある自衛官募集の「萌えポスター」の存在が背景にある。徳島地本が二〇一〇年度に初めて萌えキャラをポスターに起用して以来、自衛官募集が一任されている各地の地本がこぞって同様のポスターを制作するようになった（図14）。

公募等によるオリジナルキャラクターも多いが、人気アニメとのコラ

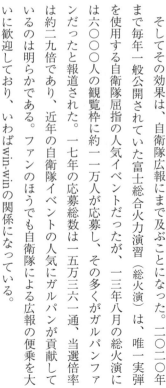

ボポスターもいくつかある。たとえば、二〇一五年度の東京地本のポスターは、第8章でも触れたアニメ『ゲート　自衛隊　彼の地にて、斯く戦えり』を起用している（図15）。また一六年には、神奈川県地本がTVアニメ『ハイスクール・フリート』とコラボしたポスターを制作した（図16）。

　そのなかには、コラボしたことで物議を醸し、結果的に数か月で撤去されたものもある。滋賀地本は、二〇一八年に『ワールドウィッチーズ』とコラボしたポスター（図17）を作成したところ、下着が見えているようだと批判が殺到した。このアニメは「パンツじゃないから恥ずかしくないもん！」というキャッチフレーズが示すように、もともと「ズボン」を履いているという設定で制作されている。つまり滋賀地本が京都新聞の取材に対して、「アニメの既存の図柄を使用している。指摘の着衣は、下着ではなくズボンだという設定で、適切な範囲だと考えている」と回答したとおり、自衛隊のポスター用にこのような図

図15　2015年度東京地本のポスター

図16　2016年度神奈川地本のポスター

図 17　2018年度滋賀地本ポスター

柄になったわけではない。そしてもちろん、そもそもこうしたアニメのキャラクターを安易に採用してしまうところに、自衛隊広報担当者の萌えポスターに対する感覚麻痺とでもいうべき状態があるのだろう。

萌えアニメの特徴として、ストーリーに男性が登場しないことがあげられる。自衛隊とのコラボのあるなしにかかわらず、どの作品にも女子高生がたくさん登場するのが定番だが、彼女たちの日常生活からは男性がみごとなまでに消し去られているのである。よって、彼女たちは一切恋愛しない。東映アニメーションで綿密なマーケティングを行いつつ、数々のヒット作を手がけてきた関弘美プロデューサーによれば、こうしたアニメに男性が登場しないのは、ターゲットである若い男性らが作品内に男性キャラクターが登場することを嫌うから、という「ビジネス上の判断」であるという。女児向けアニメでは、女性主人公がほのかな恋心を抱くような男性キャラクターが登場するのが定番だが、当初ガルパンも放送された青年向け深夜アニメ枠では設定がまったく異なってくる。事実、『ストライクウィッチーズ』においてキャラクターの一人が過去に恋愛した男性キャラクターを登場させたところ、ファンからはかなりの不評を買ったようだ。いうなれば、キャラクターに恋愛する権利は男性ファンが独占すべきものなのである。

では、その萌えアニメの世界観がなぜ自衛隊と結びつくのか。それはもちろん、自衛隊という組織が男性中心であり、第8章の『右向け左！』でも描かれたように、基本的にはいつも女性の存在への渇望がベースにあるからである。近年増加傾向にあるとはいえ、二〇二三年三月末現在での女性自衛官の割合は全自衛官の約八・七％で、二万人弱しかいない。防衛省・自衛隊は女性の採用・登用に力を入れているが、自衛官募集の萌えポスターがターゲットにしているのは、明らかに若い男性である。実際のポスターに描かれているのが自衛隊の制服を着た女性の場合も多いが、それは女性の応募者にアピールしているのではなく、職場のアイドルのような妄想的存在を表象することで、男性に対する応募を促しているのである。つまり、ポスターの萌えキャラへの恋愛を独占しているのは、現在あるいは未来の男性自衛官ということになるだろう。

以上のような萌えポスターを含む自衛隊広報のソフト化も功を奏し、自衛隊のイメージは一九九〇年代以降、確実にアップしてきた。この要因には、一一年の東日本大震災、一六年の熊本地震、一八年の西日本豪雨、そして最近では二四年元旦に起きた能登半島地震など、近年立て続けに起きている自然災害での自衛隊による救助・支援活動の実績が、まずはあげられるだろう。

とはいえ、肝心の広報目的である自衛官の応募数は、二〇二三年度時点で過去一〇年間の減少が二六％

にもなっている。二四年春に採用する任期制の自衛官候補生は、採用計画数を大幅に下回り、現行制度となった〇九年度以降では、最低達成率となる六割程度になっている。二二年に開始されたロシアによるウクライナ侵攻、二三年に起こったイスラム組織ハマスとイスラエルの軍事衝突、そして中国の軍事的な拡大と台湾有事への不安など、近年の国際情勢は緊張感を増している。職業としての自衛官を考えれば、従来の３Ｋ「きつい、汚い、危険」に新３Ｋといわれる「帰れない、厳しい、給料が安い」をプラスした６Ｋのなかでも、命の危険すらある最も過酷な仕事の代表格といわざるをえない。つまりは、どんなに好感度が高くなろうとも、そのまま応募に直結するのはなかなか難しいのが現実なのである。

〔註〕

（1）本章は、須藤遙子「『文化圏』としての『ガールズ＆パンツァー』——サブカルチャーをめぐる産官民の『ナショナル』な野合」（『大衆文化とナショナリズム』5章、森話社、二〇一六年、一三九－一六七頁）、および須藤遙子「文化政策論——『ガールズ＆パンツァー』にみる非政治的な政治性」（小山昌宏・須川亜紀子編著『アニメ研究入門　応用編——アニメを究める11のコツ』第7章、現代書館、二〇一八年、一七四－一九六頁）から部分的に引用、加筆修正した。

第10章　米軍協力映画

本章では、自衛隊協力映画との比較のために米軍協力映画について扱う。二〇〇五年当時に海幕広報室長だった伊藤俊幸によれば、防衛駐在官としてアメリカ滞在中のペンタゴン（国防総省）の廊下には、各軍が協力した『トップガン』や『レッド・オクトーバーを追え！』などの映画のポスターがずらーっと貼ってあったという。自衛隊がその状況をうらやんでいたのは、いうまでもない。

ハリウッド映画への米軍協力については、デビッド・L・ロブが詳しく論じている。ロブによれば、膨大な数のハリウッド製戦争映画が国防総省の協力を得ており、その見返りに設定や脚本への介入を許しているということだ。たとえば一九九五年に公開された『007ゴールデンアイ』（マーティン・キャンベル監督、ピアース・ブロスナン主演、MGM、日本配給収入一〇億円）では、当初悪人に騙されるアメリカ人の提督が描かれていたが、米軍の協力を得た段階で国籍を変更するよう指示され、一度はフランス人になったものの、フランス軍からの協力も得ていたために再度変更、結局はカナダ人になったという。また二〇〇〇年公開の『パーフェクト ストーム』（ウォルフガング・ペーターゼン監督、ジョージ・クルーニー主演、ワーナー・ブラザース、日本配給収入三七億円）では、実際は沿岸警備隊が行う海上での救出活動のシーンにおいて、州空軍がドラマチックな活躍をするように書き換えられた。その一方で、八六年公開の『プラトーン』（オリヴァー・ストーン監督、チャーリー・シーン主演、日本配給ワーナー・ブラザース、日本配給収入一七・八億円）、八九年公開の『7月4日に生まれて』（オリヴァー・ストーン監督、トム・クルーズ主演、日本配給UIP、日本配給収入一四・八億円）、〇〇年公開の『13デイズ』（ロジャー・ドナルドソン監督、ケビン・コスナー主演、日本配給日本ヘラルド映画、日本興行収入一五・一億円）のように、協力を拒否して批判的ストーリーを維持したことで大ヒットした作品も少なくない。

さらにマシュー・アルフォード／トム・ゼッカーによれば、CIAと国防総省は八〇〇本以上のハリウッド映画と一〇〇〇本以上のテレビ番組に関与しているという。二一世紀になってから、こうした関与はますますエスカレートし、大胆になってきていることも指摘されている。そのなかには、『トランスフォーマー』（〇七年公開以降、二四年五月時点でシリーズ全七本が公開）、『アバター』（〇九年公開、二二年にシリーズ二本目公開、以降三本が二四年、二六年、二八年にそれぞれ公開予定）、『ターミネーター』（八四年公開、二四年五月時点でシリーズ全六本が公開）などの世界的にヒットした作品での脚本変更がなされており、変更前の内容には、CIAによる違法薬物取引・違法武器売買・生物兵器製造・拷問や暗殺などの描写が含まれていたという。

ニコラス・スカウは、このCIAによるハリウッドへの介入に特に注目し、多くの映画タイトルを例にあげて詳細に論じている。冷戦中からCIAは莫大な製作費を提供したり、陰に陽にさまざまな圧力をかけたりと、映画やアニメーションをグローバル・プロパガンダとして利用してきた。一九六〇－七〇年代は、娯楽産業に対するＣＩＡの工作は激減していたとされるが、八〇年代には復活し、クリントン政権下の九〇年代には、ハリウッド戦略をかつてないレベルへとグレードアップさせたという。この点はテレビシリーズに対しても同様である。スカウは「ＣＩＡと番組制作者の双方にとって、実に都合のいいコラボレーションが行われている」と述べているが、『空飛ぶ広報室』（二〇一三年、ＴＢＳ）や『テッパチ！』（二〇二二年、フジテレビ）などの自衛隊協力ドラマを考えれば、日本でも状況は同じといえるだろう。二〇一〇年代以降も相変わらずハリウッド映画ではＣＩＡの「活躍」が描かれ、負の面は人々から見えなくさせられているといえる。ＣＩＡ＝米軍ではもちろんないが、スカウが「戦争賛美の空想的な復讐物語を次々と世に送り出し、アメリカ人の観客たちは画面上で無数の聖戦主義者《ジハーディスト》の戦闘員が虐殺されるのを満足げに見」ていると苦々しげに指摘するように、ＣＩＡが関与した作品には戦争映画が多く、それは必然的に米軍協力映画と重なるということになろう。

以上の著書では、このような米軍の映画への関与を「検閲」「操作」と厳しく批判しているが、本書ではそれも十分意識しつつ、第1章で述べたように国家から映画会社への一方的な影響力のみを強調する立場はとらない。なぜなら、米軍協力映画の場合も多かれ少なかれ何かしらのメリットのために製作サイドが介入を甘受、もっといえば関与を要求するのであり、製作側のそのしたたかさをゼロにカウントすることはできないからである。繰り返せば、本書で最も問題にするのは、映画産業側と軍事組織との相互依存（interdependence）と折衝（negotiation）によって生まれるこのようなカルチュラル・ポリティクスなのである。

また、これが最も重要であるが、最終的に自分で金を払って作品を選ぶのは、観客たる消費者である。つまり消費者＝市民＝国民の広い意味でのメディア・リテラシーが、最も問われているのだ。

1　米軍の映画協力基準

自衛隊協力映画と同様に、米軍が映画協力する際の法律が存在する。それが、二〇一五年七月三一日に出された国防総省命令五四一〇・一六号「国防総省のＮＧＯ、娯楽メディア作品に対する支援（DoD Assistance to Non-Government, Entertainment-Oriented Media Productions）」[1]である。以下に示す陸軍の協力基準の内容[2]は、すべてこの命令に沿ったものとなる。

陸軍で映画を主とする娯楽産業への協力事務を行っているのは、ハリウッドに近いロサンゼルス郊外に事務所をおく、通称OCPA-Westと呼ばれる米陸軍省広報担当室西部地区部門（The U.S. Army's Office of the Chief of Public Affairs, Western Region）である。最終的な承認は、国防総省国防副次官室（広報担当）の娯楽メディア担当によってなされるが、協力可否の決定や実務を行うのは、あくまでOCPA-Westであり、メディア協力への基準を**表9**のように示している。

表9の内容に関しては、防衛省の協力基準とほとんど同じといえるだろう。しかし注目すべきは、**表10**のような「追加的な支出とみなすことが可能な経費」に関する項目である。これらの経費は、製作会社に請求されることになっている。

表9　アメリカ陸軍メディア協力基準

- 作品は，米軍および国防総省に関する一般の人々の理解を増進することに資するものでなければならない。
- 作品は，米軍の人員募集や維持プログラムを支援する内容とすべきである。
- 作品は，人物描写，場所，実際の軍事作戦または歴史的事象について信憑性のあるものでなければならない。フィクションの場合にも，軍隊生活，作戦および政策について，頷けるような解釈でなければならない。
- 作品は，米国政府の政策に反する一般市民や組織の活動を認めるような内容であってはならない。
- 製作者は，製作同意書とDODI5410.16に署名し，それに従うことに同意する。
- 製作者側から要望された軍事物資に関しては，必要な場合のみ提供される。
- 国防総省はプロジェクト・オフィサーを任命し，製作会社への軍事支援に対する調整を行うと同時に，承認された台本どおりの描写がされているかどうか検証する。
- 製作会社は，承認された台本に変更が生じた場合，プロジェクト・オフィサーに相談しなければならない。
- 軍の作戦能力および即応態勢が，映画等の製作によって損なわれてはならない。
- 国防総省の安全基準を逸脱してはならない。
- 製作会社は，国防総省物品にダメージや害を与えてはならず，原状回復の義務を負う。
- 製作会社は，一般公開前にワシントンDCの国防総省において試写を行わなければならない。
- 製作会社は，映画の最後に適切に軍のクレジットを挿入するものとする。
- 協力履歴の把握のために，製作会社は国防総省にDVD，ポスター，写真，およびメディア製品を提供するものとする。

このようにアメリカの場合は、燃料をはじめとする映画協力にかかる経費を細かく算出して製作会社に請求しており、通常業務から外れる経費に関してはかなり厳格である。たとえば次節で扱う『トップガン』では、米海軍がF－14トムキャット戦闘機の燃料代として、当時一時間あたり七六〇〇ドルを徴収しているので、製作会社は自前で装備を調達するよりはずっと安いとはいえ、相当の出費を覚悟しなければ軍に協力を申請することが不可能であるといえるだろう。しかも、協力が行われてから不払いが生じるような事態が発生しないように、製作会社は見積

表10　追加的な支出とみなすことが可能な経費

- 使用される装備品の燃料，油脂類
- メンテナンス費用
- 消費された補給品
- 旅費と日当
- 事務職の超過勤務手当
- 装備品の遺失や破損に対する費用
- 通常の勤務時間を超えた場合，あるいは製作会社の必要で使用された電気代
- 装備品の移動や位置変更にかかる費用
- 製作会社が必要とする戦闘機等の飛行時間すべて。ただし，たまたま軍側のミッションと一致した場合，または規則上作戦や訓練ミッションとしてみなすことが可能な場合を除く。
- （たとえば運転手やパイロットとして）製作の支援に任命された州兵や予備役に対する人的経費

もられた金額を事前に第三者機関の口座に振り込むことになっており、そこからかかった金額が引き落とされ、残金がある場合には製作会社に返金されるというシステムになっている。第1章で述べたように、自衛隊による映画協力においては、アメリカのような費用に対する慎重さと厳格さは存在しない。

そもそものアメリカと日本の大きな違いとして指摘できるのは、米軍協力映画が海外市場で大規模に展開されているのに対し、自衛隊協力映画はほぼ国内でしか公開されないことである。『トップガン』はもちろん、前述の『トランスフォーマー』シリーズや『アバター』シリーズも、アメリカ国外での興行収入が圧倒的に多い。それに比べ、第6章で述べたように『ミッドナイトイーグル』は鳴り物入りで「全米公開」したものの、結果は惨憺たるものであり、同じく第6章で扱った『亡国のイージス』は二〇〇五年一一月二六日から台湾で「亡國神盾艦」の名で劇場公開されたが、やはりヒットとはほど遠かった。全世界興行収入が一〇〇億円を突破し、米アカデミー賞視覚効果賞まで受賞した二三年公開の『ゴジラ-1.0』は、文字通り稀有な例

といえるだろう。

この要因を、アメリカ映画は普遍的で、日本映画はナショナルでドメスティックであるから、と単純に決めつけることはできない。たとえば吉本光宏の指摘によれば、第二次世界大戦のノルマンディ上陸作戦を描いたスティーブン・スピルバーグ監督『プライベート・ライアン』（一九九八年）は、「普遍主義の衣を纏った滑稽なアメリカ愛国主義の発揚だと揶揄されたり（フランス）、愛国主義的要素があるにもかかわらず普遍的理念の提示に成功しているといわれたり（デンマーク）、アメリカを愛国主義的に肯定しているからこそ同時に普遍的でもあると称賛されたりする（アメリカ）」とさまざまに批評されている。このように、映画の解釈を一元化するのはそもそも不可能であり、観る立場や時期によっても変化するのが常である。

さらに米軍協力映画と自衛隊協力映画に海外展開の差が生じる背景には、第一にはハリウッドという強力な映画産業システムの存在があげられ、第二には、自衛隊協力映画にかぎらず、アニメーション以外の邦画が海外で上映されること自体がめずらしいという現実が当然ある。しかしそれでも、自衛隊協力映画と米軍協力映画のストーリーには、想像されるネイションのあり方に明確な違いが存在する。

自衛隊協力映画のなかで語られる「日本人」は往々にして日本民族と同一視されているため、多種多様な民族すべてを「アメリカ国民」として統合するような、市民権をベースにしたアメリカにおけるネイション像とは決定的に違う。そして、米軍協力映画がアメリカという国家や海外展開する米軍の正当性や魅力を対外的にアピールするというパブリック・ディプロマシー（対外文化政策）の一端を担っているのに対し、自衛隊協力映画が目指しているのは、日本の自衛隊を海外に紹介することではもちろんなく、固有の歴史を持つ伝統的な民族から構成される「日本国家」というイメージを国民のなかに固定化し、それを「守る」よう導くことである。つまり、自衛隊協力映画はあくまで国内文化政策として機能するのである。

自衛隊協力映画では、防衛省・自衛隊が「日本人」と想定する「日本民族」たる「日本国民」に対して「あなたは日本人である」と呼びかけ、個人が持つ複数のアイデンティティーズのなかで「日本人」というアイデンティティがことさら重要であることを理解させようとする。さらには「日本人」たるべき思考をもって行動するよう、究極的には自衛官の服務の宣誓にあるように「事に臨んでは危険を顧みず、身をもつて責務の完遂に務め」ることを促す。結果的に、自衛隊協力映画が想定する観客は「日本人」以外ありえないのである。

2『トップガン』（一九八六年）

監督：トニー・スコット
主演：トム・クルーズ、ケリー・マクギリス
配給：パラマウント・ピクチャーズ
興行収入：三・六億ドル（世界）、六七億円（日本、二〇一九年現在で興行通信社歴代興収一〇〇位、公開時配給収入は三九億円で洋画ランキング第一位）

協力：米海軍

本作は、一九八六年の全米興行成績第一位となり、世界各国でも大ヒットした航空アクション映画である。戦闘機パイロットの戦いや友情、恋愛を描いた作品で、第2章で扱った航空映画の王道ともいえるストーリーとなっている。もちろん軍の協力を含め、日本の航空映画とは比べものにならないスケールだった。前述のように、トム・クルーズが主役を務めた本作の影響で海軍へのパイロット志願者が激増し、航空自衛隊への入隊希望増加にもつながった。自衛隊広報誌『ＭＡＭＯＲ』によれば、自衛隊の戦闘機パイロットのほぼ全員が本作を一度は観ており、本作がきっかけで入隊し、「１００回以上観た」という現役パイロットもいるという。彼らがあげた本作の印象的なシーンとしては、仲間のために命令を無視してまで助けに行くシーン、背面飛行、空中戦などがあり、仲間でビーチバレーに興じているシーンに憧れて、グアムでの海外訓練時の余暇活動でビーチバレーに没頭したというエピソードを語るパイロットもいた。

ロケ地はミラマー海軍航空基地で、撮影時は戦闘機搭乗員の養成機関であるアメリカ海軍戦闘機兵器学校、通称「トップガン」が存在していた。現在ミラマーは海兵隊の基地になっており、「トップガン」も一九九六年にアメリカ海軍航空戦開発センターに統合されている。次作『トップガン マーヴェリック』の劇場用パンフレットによれば、クルーズは本作の出演オファーがあってから何か月も返事を保留していたが、その理由を「Ｆ－14に乗りたかったから、Ｆ－14で撮影をする点を契約に入れたかった」ためと明かしている。その交渉は成立し、撮影前のトレーニングを含め、稀に見る海軍の全面的な協力が実現したのである。

こうして本作ではF-14の飛行シーンがふんだんに出てくるのはもちろん、空母での離発着のシーンも撮影されている。エンドロールでは、まず「SPECIAL THANKS TO THE PILOTS OF THE U.S. NAVY」という文字に続き、F-14のパイロット八名の階級とタッグネーム付きの氏名が流れる。その次に、LCDR（Lieutenant Commander＝少佐）一名、LT（Lieutenant＝大尉）七名、アメリカ海軍戦闘機兵器学校教官と敵機ミグのパイロット役として一六名が表記されていた。

本作の大きな特徴として、映画のみならず主題歌や挿入歌までもが大ヒットしたことがあげられるだろう。オリジナル・サウンドトラックは、全米だけでも七〇〇万枚を超えるセールスを記録した。ケニー・ロギンズが歌う主題歌「デンジャー・ゾーン」は、全米Billboard Hot 100の週刊チャートで二位、ベルリンによる挿入歌「愛は吐息のように（原題：Take My Breath Away）」は、第五九回アカデミー賞歌曲賞およびゴールデングローブ賞主題歌賞を受賞している。公開当時は、日本でもこれらの曲が街にあふれていた。さらに、パイロットたちが着ていたMA-1フライトジャケットが一世を風靡し、クルーズが劇中で戦闘機と滑走路を並走して注目されたカワサキのバイクGPZ900Rが人気となるなど、当時の若者カルチャー全般に影響を与えたことも、本作の特筆すべき点である。

そして三六年の時を経て、待望された続編がとうとう公開された。

『トップガン マーヴェリック』（二〇二二年）

監督：ジョセフ・コシンスキー
主演：トム・クルーズ、マイルズ・テラー
配給：パラマウント・ピクチャーズ
興行収入：一五億ドル（世界）、一三七・七億円（日本、二〇二四年現在で興行通信社歴代興収二一位、公開時興行収入は一三五・七億円で洋画ランキング第一位）
協力：米海軍

本作は、世界興行収入で前作の約四倍となるほどの大ヒットを記録した。主演のトム・クルーズは前作公開時には二四歳だったが、本作では還暦に近いにもかかわらず、実際のF／A－18に乗って撮影されたことも大きな話題となった。

クルーズは劇中のマーヴェリックさながらに、若い俳優たちのための五か月に及ぶ厳しい飛行訓練のトレーニング・プログラムを自ら作成したとされる。前作では、主演のクルーズは事前の訓練を十分に積んでいたために、実際にF－14のコックピットで撮影したシーンが使われているが、他の俳優たちはGのかかる過酷な機内で撮影中に空中で吐いてしまい、フィルムが使用できなかったというエピソードがあった。この苦い経験から、新作までの三〇年ほどの間に飛行機の操縦免許をいくつも取得していたクルーズは、前作の失敗を克服すべく、最終的には俳優陣全員がF／A－18に乗って演技をこなせるようにしたのである。その過程は、第2章で扱った『ジェットF104　脱出せよ』のストーリー同様に順番に飛行機を乗り換えていくもので、セスナ機から曲芸飛行用飛行機エクストラ300を経て、ジェット機でかかるGに徐々に慣れさせていったという。これはもちろんアメリカ海軍の長期にわたる強力なサポートがなければ実現しえないものである。

本作の劇場用パンフレットによれば、まずはクルーズとプロデューサーのブラッカイマー自らが、アメリカ太平洋艦隊海軍航空部隊司令官のデウォルフ・H・ミラー三世副提督に会いに行き、映画の構想を売り込んだという。クルーズの言葉では、撮影協力を受諾した海軍との関係は「パートナーシップ」であり、「海軍は大切な存在」であるという。とはいえ、本作の海軍航空技術顧問兼航空コーディネーターのブライアン・〝ファーグ〟・ファーガソン大尉は、「世界的な映画スターと共に象徴的な映画を再び製作しようとしている大規模な製作会社。それから航空機、船舶、人員、基地などを抱える海軍航空局。両者の間には、合わせて10億もの変動要素がある。この二つの強固な組織をシームレスに統合する方法を見つけなければならなかった」と、制作するうえでの苦労を語っている。

劇場用パンフレットでも触れられていたが、前作と本作の大きな違いは女性パイロットが登場することである。前作が公開された一九八〇年代半ばは、女性の戦闘機パイロットは存在しなかった。しかし、女性の戦闘任務参加を禁止する規定が二〇一三年に廃止され、一五年には最新鋭戦闘機F－35のパイロットに初めて女性が任命されている。

日本でも二〇一五年に成立した女性活躍推進法を根拠に、防衛省が戦闘機パイロットを女性に開放した。一八年には初めての女性戦闘機パイロットが誕生し、二四年二月現在は五人の女性戦闘機パイロットが存在する。長年にわたり女性と軍事組織の関係を研究してきた佐藤文香は、「女性とは、軍事組織を現代的にイメージチェンジさせてくれるアイコン」であると指摘する。本書では詳細に触れることはできないが、最も家父長制イデオロギーが強く残る軍事組織において、「男女平等」という概念がどのように用いられているかは、仔細に検討する必要があるだろう。

本作のエンドロールでは、国防総省と沿岸警備隊に対してSpecial Thanks がなされている。また、空母「セオドア・ルーズベルト」と「アブラハム・リンカーン」のキャプテンやクルーをはじめ、撮影に携わった多くの軍人の氏名と階級が記載されていた。そのなかでも、TOP GUN 001 としてトム・クルーズの名前があったのが注目される。つまり、クルーズは俳優とプロデューサーという立場に加え、軍人としても米軍にとって非常に重要な存在であるということである。

映画・ドラマ・アニメの情報サイト「THE RIVER」によると、本作で使用された戦闘機F－18の一時間あたりの使用料は一万一三七四ドルだった。

3　『ジェット機出動　第101航空基地』（一九五七年）

監督：小林恒夫
主演：高倉健、薄田研二
配給：東映
協力：自衛隊、（米軍）

本章の最後に、ＵＳＩＳ（United States Information Service）が関与を隠して製作費等の協力をした日本映画について述べておきたい。ＵＳＩＳとは、アメリカ広報・文化交流局とも訳され、ＣＩＡのような「ブラック・プロパガンダ」ではなく、アメリカの健全なイメージを文化によって伝える「ホワイト・プロパガンダ」を担う部署とされる。フルブライトのような奨学金制度や交換プログラムに加え、文化交流や国際放送などの業務を受け持つ。つまりＵＳＩＳはパブリック・ディプロマシーを担当する組織であり、アメリカの対日文化政策を担っている。

機密解除された文書により、本作にはＵＳＩＳが関与していたことが判明している。自衛隊と米軍という二つの軍事組織が協力しており、ストーリーには日本の再軍備という強いメッセージが込められていた。舞台は自衛隊の第１０１基地で、訓練に明け暮れる自衛官たちの青春を描いている。作品の肝となる人物は、パイロットになることに断固反対する主人公の父親である。主人公の兄は戦死しており、父親は自衛隊の存在そのものを否定しているのだが、悪天候のなかで人命救助の任務を遂行する現場を見て納得するのである。

機密解除文書によれば、本作の製作費二二万二二二二ドルのうち、ＵＳＩＳが五万五五五五ドルを補助したという。また、人気俳優の高倉健が主演したこともあり、かなりの興業成績をあげたとされる。クレジットには自衛隊協力の文字はなく、ロケ地がどこかは不明だが実際の基地であるのは間違いない。BASE OPERATIONと書かれた建物や通称「フォローミージープ」という戦闘機を誘導する車両が劇中に登場することから、米軍基地で撮影されたことも考えられる。

自衛隊に関する同じようなエピソードが含まれる作品としては、一九五八年公開の『紅の翼』（中平康監督、石原裕次郎主演、日活）と六〇年公開の『暁の翼』（富本壮吉監督、菅原謙二［のち菅原謙次］主演、大映）がある。『紅の翼』の主人公は民間パイロットだが、本作同様に自衛隊と協力して血清を届ける話である。『暁の翼』は、悪天候のなか落下傘で脱出した航空自衛隊パイロットらの捜索に米軍も加わって、めでたく見つかるストーリーだ。また、「文部省選定」の教育映画で五八年公開の『愛のジェット機』も類似する内容だった。

最近の例としては、東日本大震災時のトモダチ作戦を描いて二〇二〇年に公開された『Fukushima 50』（フクシマフィフティ、若松節朗監督、佐藤浩市主演、松竹、興行収入八・八億円）というメッセージ性の強い作品に、自衛隊と米軍が撮影協力したことが話題となった。一九年のテレビ朝日ANNニュースでは、アメリカ空軍によるコメントが紹介されており、「一日の撮影で品位、自己奉仕、優秀さと空軍が掲げる本質的価値を損なうことなく、空軍隊員をしっかりと描写して頂いた」という。また、「アメリカ大使館関係者を通じて交渉の結果、邦画史上初めてアメリカ軍の協力が実現」と報道されていたが、前述の一九五〇年代後半の事例からして、公式にはともかく明らかに「邦画史上初」ではない。

以上のように、映画というメディアは、米軍＝アメリカにとって非常に重要な広報媒体でありつづけている。そして、自衛隊はそれを模範として広報に取り組んでいるといえるだろう。

〔註〕

（1）元になっているのは、一九八八年一月二六日に出された同番号の「国防総省のNGO、娯楽映画、テレビ、ビデオ作品に対する支援（DoD Assistance to Non-Government, Entertainment-Oriented Motion Picture, Television, and Video Productions)」である。新法になった時点で、中華人民共和国に関連すると思われる作品には協力しないというポリシーが加わっている。二三年六月二八日改正。http://www.dtic.mil/whs/directives/corres/pdf/541016p.pdf（二〇一二年一〇月一二日最終閲覧）、https://www.ecfr.gov/current/title-32/subtitle-A/chapter-I/subchapter-M/part-238（二〇二四年五月一日最終閲覧）、https://www.esd.whs.mil/Portals/54/Documents/DD/issuances/dodi/541016p.pdf（二〇二四年五月一日最終閲覧）。

（2）The U.S. Army's Office of the Chief of Public Affairs, Western Region（OCPA-West）http://www.army.mil/info/institution/publicAffairs/ocpa-west/faq.html（二〇一二年一〇月一二日最終閲覧）翻訳に関しては、防衛省の資料を部分的に参照した。

第11章　非自衛隊協力映画

本章では、自衛隊に協力を打診したものの拒否された映画、あるいは自衛隊の協力が行われてもおかしくない内容だが協力がされていない映画を「非自衛隊協力映画」として扱う。

協力拒否された例として、下記の作品があることが調査で判明している。

- 二〇〇〇年公開『ホワイトアウト』：若松節朗監督、織田裕二主演、東宝、興行収入四二億円。山岳アクション映画。ダムを占拠したテロリストに立ち向かう民間人を描いているが、そもそも原作には自衛隊が登場せず、映画ストーリー内の自衛隊出動が唐突であるうえに活躍シーンも少ないので、広報効果より部隊の負担が大きいと判断されて協力が見送られた。
- 二〇〇八年公開『明日への遺言』：小泉堯史監督、藤田まこと主演、アスミック・エース、興行収入六億円。軍事法廷闘争を描く作品。防衛省・自衛隊の実情または努力を紹介するものではなく、市ヶ谷記念館での撮影のためには一般のツアーを休止する必要があるという理由で断られている。
- 二〇〇八年公開『クライマーズ・ハイ』：原田眞人監督、堤真一主演、東映／ギャガ、興行収入一一・九億円。日航ジャンボ機事故をテーマとした作品。自衛隊がこの事故に災害派遣されたことはすでに周知されており、量的観点からも自衛隊のシーンが少なく、また質的観点からも自衛隊が単なる背景にすぎない扱いになっているという理由で協力されなかった。

•二〇〇九年公開『沈まぬ太陽』：若松節朗監督、渡辺謙主演、東宝、興行収入二八億円。日航ジャンボ機事故が重要なエピソードとして登場するが、二〇〇シーンほどのうち自衛隊が描かれる場面は二シーンにすぎず、事故当時のヘリコプターはすでに廃止していて再現困難なことから、協力が見送られた。加えて、同様の理由で断った前記『クライマーズ・ハイ』との整合性も言及されていた。

また、第7章で言及した『WINDS OF GOD』も、防衛庁に協力を打診していたが、模擬零戦による滑走路等の使用が教育訓練等を妨げるものとなる、現在の自衛隊ではなく旧日本軍を描いたストーリーなので、直接的な関連性がなく紹介にならない、という理由で断られている。その他、二〇〇八年公開の『252生存者アリ』（水田伸生監督、伊藤英明主演、ワーナー・ブラザース映画、興行収入一七億円）は、協力が途中まで検討されていたが、台本カットの理由で製作側から申請が取り下げられている。同じく途中で製作側から申請が取り下げられた作品として、第8章で触れた『真夏のオリオン』がある。

以下、特に重要な「非自衛隊協力映画」を考察していく。

1　『戦国自衛隊』（一九七九年）

監督：斎藤光正

主演：千葉真一、夏木勲
製作：角川春樹事務所　配給：東宝
配給収入：一三・五億円（邦画ランキング第五位［公開が一二月だったために統計は翌年換算］）

本作は、「映画の内容が健全妥当と認められなかったので、防衛庁・自衛隊として撮影協力は実施していない」ことが判明している。協力拒否の理由としては、後述のリメイク作品を手がけた手塚監督の談話にあるように、「昔の『戦国自衛隊』のように女性をレイプしたり、同じ日本人を殺したり、そういうことは一切だめですね。戦国時代にタイムスリップしても、同じ日本人は殺しちゃいけないんです」ということだろう。本作では専守防衛の鉄則を無視して積極的に攻撃し、同じ自衛官同士で殺し合ったり、戦国時代の女性たちを次々に襲ったりする描写が少なくない。

本作への協力を拒否された当時の角川映画は、自前で61式戦車をつくることを決め、鈴木技研工業が八〇〇〇万円の予算でそれを引き受けた結果、「総重量20トン、時速25キロ、深さ1メートルの川も渡れるガッチリしたものが出来上がった。本物の自衛隊員が見てビックリしたくらいに外見はそっくり」になったといわれている。

正式な協力はされなかったものの、主役の伊達義明三尉を演じると同時にアクション監督も務めた千葉真一と、戦国時代側の主役である長尾平三景虎を演じた夏八木勲（撮影当時は夏木勲）の二人だけは、撮影前に体験入隊が許可されていた。このように正式な協力はなくとも軽微な援助がなされた例としては、原因不明の病原菌が蔓延するという二〇〇九年公開のパニック映画『感染列島』（瀬々《ぜぜ》敬久《たかひさ》監督、妻夫木聡主演、東宝、興行収入一九・一億円）がある。陸上自衛隊の登場シーンが合計で二、三分しかない、街の封鎖シーンで銃を保持して国民を取り締まる描写が誤解を招く、病原菌に感染した死体を自衛隊が穴に投げ入れるなどの描写が不適切とされたが、必要な素材の提供や陸上自衛隊に関する知識の伝授等は行われたとされる。

『戦国自衛隊』（以下、旧作）のリメイクとして製作されたのが、『戦国自衛隊１５４９』（以下、新作）である。新作には、後述のように陸上自衛隊が大規模な協力を行っている。調査によれば、防衛庁は新作への協力にあたり、協力不適となった旧作の続編と観客が誤解することも考えられるために、申請時には仮題として『戦国自衛隊２』となっていた新作のタイトルの変更を要求し、結果として『戦国自衛隊１５４９』になった。また、手塚監督が「いまは旧作のような自衛隊の描き方はできない。旧作は自衛隊を笑い飛ばすぐらいの勢いがあったけれど、９・11以降は特に、自衛隊という言葉が日本の生活にとって重くなりすぎていますから」と話すように、時代の変化があったことも指摘できるだろう。

以下比較のために、自衛隊協力映画としての新作を分析していく。

『戦国自衛隊１５４９』（二〇〇五年）

監督：手塚昌明
主演：江口洋介、鈴木京香

製作：角川映画、日本映画ファンド、日本テレビ
興行収入：一七・一億円（邦画ランキング第一四位）
協力：陸上自衛隊　東部方面隊、富士学校、航空学校、第一ヘリコプター団

新作は、角川グループ創立六〇周年記念作品である。投資家から資金を集め、興行収入に応じて配当を分配するファンド方式が導入され、当時の平均的な邦画の予算である五億円の三倍にあたる一五億円をかけて製作された。市販DVDには「興行成績20億円、大ヒット御礼！　初登場ランキング1位を記録‼」とあり、手塚監督へのインタビューでも「相当儲かった」という趣旨の発言があったので、興行的にはかなり成功したようである。

本作には陸上自衛隊が全面協力しており、「90式戦車、偵察ヘリOH－1、対戦車ヘリコプターAH－1S、MPMS多目的誘導弾をはじめ、25種類以上、延べ150両機以上の陸上自衛隊主要装備が参加、かつてない協力体制がとられた」という。手塚監督は自衛隊が「2か月ベッタリ」「自分の声ひとつ、指示ひとつで動いてくれ」たとコメントしており、製作補である角川映画の秋葉千春チーフプロデューサーも、「こちらがお願いした装備をほぼ100％提供していただいた」と証言している。他の作品には見られない協力として、陸上自衛隊富士駐屯地東富士演習場の一時使用が許可され、六四〇〇平方メートルの土地に二億二〇〇〇万の巨費を投じ、「天母城」のオープンセットが建設されている。

第8章の『守ってあげたい！』と同様に、自衛隊はプロモーションにも協力した。まず二〇〇四年一〇

月一八日の現場製作発表は、主要キャストと手塚監督そして原作者の福井晴敏らを集め、「87式偵察警戒車や96式装輪装甲車などの本物の自衛隊機と騎馬武者を従え」て前述の「天母城」で行われた。○五年五月一九日の完成披露試写は、総費用三〇〇〇万円、陸上自衛隊無償協力という超大型イベントとして、ヴァージンTOHOシネマズ六本木、六本木ヒルズアリーナにて実施された。このイベントでも、「公道から82式指揮通信車、96式装輪装甲車、87式偵察警戒車、軽装甲機動車がアリーナに侵入し、リムジンで登場したキャスト、スタッフがその前に集結する」という派手な仕掛けがなされたという。

原作者の福井晴敏から「ゴジラで自衛隊をちゃんと描いていたからお任せしたんですよ」といわれたという手塚監督は、第3章で述べたように『ゴジラ×メカゴジラ』等でかなり自衛隊をフィーチャーした作品を撮っていた。よって、以下の福井の談話のように、自衛隊の描写に対する絶大な信頼があったといえる。

手塚監督の『メカゴジラ』二部作における自衛隊の描き方というのは、平成『ガメラ』の路線を踏襲しつつも、より自衛官たちの心情に寄り添っていた。この感覚は明らかに現場の自衛官たちともウマが合ってやっているんですよね。今回のような自衛隊に全面協力していただく映画で、自衛隊との何の付き合いもなく、自衛隊のことが全く分からない監督では、現場が大混乱していたと思うんです。（略）例えば戦車の前に人を走らせたいといった時、普通は許可できませんと言われてしまうのを、『ゴジラ』の監督なら要領が分かっているから大丈夫ですねと、現場の方々に信頼してもらえるところもあったんです。

こうした信頼のもとで本作の監督を任された手塚ではあったが、実績のあるゴジラシリーズでは協力申請から実際の撮影に入るまでに二か月程度であるのに対し、まったく新しい企画となる本作の場合は、半年ほどかかったそうだ。さらに自衛隊が登場するシーンを撮るにも、相当の苦労があったという。

それでも制約はいろいろあって、まず自衛隊の活動範囲外の描写はできませんし、自衛隊車両を使うシーンは、演習地内でしか撮影できません。しかも稼働していただける日数が決まっているので、その間に必ず撮り終えなければいけない。いちばん撮りたい戦車などがいなくなったんでは、何を撮るんだって話ですから（笑）。

手塚昌明は、これまで最も多くの五本の自衛隊協力映画を監督してきた。そのきっかけとなったのが、自衛隊の協力はなかったものの女性自衛官を主人公とした『ゴジラ×メガギラス　G消滅作戦』（二〇〇〇年）だった。手塚が監督した自衛隊協力映画は、すべて自衛官が主人公となっている。自衛隊協力映画が常に主人公を自衛官にしているわけではないので、手塚監督の自衛隊嗜好がよく表れているといえるだろう。

2 『宣戦布告』（二〇〇二年）

監督：石侍露堂《せじろどう》
主演：古谷一行、夏八木勲
製作：ウィル
興行収入：二・八億円

本作は、北朝鮮を想起させる国との戦闘を描いたポリティカル・フィクションである。当時のスクープによれば、石侍監督は「映画の撮影時、製作側は自衛隊に撮影協力を依頼したが、有事法制の議論に及ぼす影響を懸念した政府中枢が『防衛庁は一切、撮影に協力するな』と伝え、部隊の末端、出入り業者に及ぶまで何の撮影協力も得られなかった」と証言している。しかし、東京銀座の東映本社で行われた公開前の極秘試写会に当時の中谷防衛庁長官が秘書官ら数人らと訪れたという報道もあり、この映画に対する防衛庁の関心が高かったことを窺《うかが》わせる。いずれにしても、本作はヒットには恵まれていない。

調査で判明している協力拒否の理由としては、①北朝鮮の兵士との戦いという内容は外交上問題がある、②政府内部の対立が強調されすぎている、③政府関係者の利己的・保守的態度が極端である、④防衛庁長官が適格性を欠く人物として描かれている、⑤官房長官が総理秘書官を「両親が在日朝鮮人である」という理由のみで毛嫌いしている、⑥架空の情報機関が登場し、実在するかのような印象を与える、などがあげられている。衆議院議員を経由して協力の打診があったとされるが、大臣まで報告されたうえで断られたという。

第6章で述べたように、本作の三年後に公開された『亡国のイージス』では、石破長官が際どいシナリオの作品にあえて協力することで、防衛庁や自衛隊にとって不利な内容とならないように関与する方針をとったが、それはまさに本作に対する協力を行わなかったために、事実とは異なるマイナスのストーリーとなってしまった悔恨が多分に存在していたからなのである。『亡国のイージス』でも本作同様に、北朝鮮との戦いや秘密機関の存在などが描かれているため、その整合性に苦慮した部分もあるようだが、結局は当時長官だった石破には映画産業に対する理解があり、防衛庁や自衛隊のプロパガンダツールとして映画を重視していたために協力が実現した。

また調査によれば、本作同様に北朝鮮の兵士が登場する村上龍原作『半島を出よ』（未製作）からも、二〇〇八年にオファーがされている。しかし、外交の問題に加え、その北朝鮮反乱軍に対して有効な策をとれない日本政府をネガティブに描いていることから、自衛隊を含めた政府全体の危機管理能力に対して失意を抱かせる内容とみなされて「協力不適」と判断された。

3 『ローレライ』（二〇〇五年）

本作は、第6章で述べた「福井晴敏Year」の三作品のうちの一本にあたる。二〇〇五年は、ナショナ

図 18 『ローレライ』

DVD：￥4,180（税込）　発売元：フジテレビジョン　販売元：ポニーキャニオン　©2005フジテレビジョン・東宝・関西テレビ放送・キングレコード

監督：樋口真嗣
主演：役所広司、堤真一
製作：フジテレビジョン、東宝、関西テレビ放送、キングレコード
興行収入：二四億円（邦画ランキング第九位）

リズムが高まっていた当時の社会的空気が、福井個人の歴史観や国家観に寄り添うかたちで映像化された年だったといえるだろう。本作はそもそも製作側からの申請がなかったと考えられ、自衛隊による協力はされていない。

プレス向け資料によれば、小説『亡国のイージス』で絶賛された福井晴敏と樋口真嗣が、二〇〇〇年夏に映画用のオリジナルストーリーを共同で考案し、それぞれが小説と映画を発表するコラボレーション企画を立ち上げたとされる。福井による『終戦のローレライ』は〇二年一二月一〇日に講談社より発刊され、第二四回吉川英治文学新人賞、第二一回日本冒険小説協会大賞日本軍大賞を受賞した。その後、同じく講談社の『月刊アフタヌーン』〇五年三月号より、長崎尚志脚色・虎哉孝征《こさいたかゆき》作画でマンガ版が連載された。映画公開に合わせて発売された文庫版の原作は、全四巻で一六〇万部以上売れたとされ、メディアミックスに成功した作品である。また本作は「新人監督やシナリオ作家を起用した映画の製作」という項目で、文化庁の平成一六年度文化芸術振興費補助金も獲得している。

防衛省への調査によれば、これら福井三作品の映画公開に伴い、マスコミから自衛隊の映画や広報活動についての問い合わせがあり、以下のようなやりとりがあったという。

Q：自衛隊が協力する作品がこれまであまりなかったのは、作品がなかったのか、オファーがなかったのか。

A：最近まで作品もあまりなかった気がする。

Q：方針を変えて協力することにしたのではなく、そもそもオファー自体がなかったということか。

A：そういう認識である。今まで、映画会社側にも若干距離があったのではないかと思う。90年代に入るまで、自衛隊の存在自体の論争があった時代は。

Q：その議論が形骸化したと。

A：存在は定着し、実際に活動もしている。

Q：環境が整ったのか。

A：ええ。

このように自衛隊というういわば日陰者だった存在にスポットがあたるようになった時代の変化を的確に

とらえたのが、『ローレライ』『戦国自衛隊1549』『亡国のイージス』の福井三作品だったのである。福井自身は、以下のようにコメントしている。

3本とも戦後60年を当て込んだわけじゃないし、まして初めに『戦争・自衛隊』ありきではなかった。人間ドラマを描きたかったんですが、企業や警察が舞台では、山ほどある小説に埋もれる。自衛隊という舞台装置なら、ハリウッドで見慣れたスペクタクルアクションを日本でもできうるし、自衛隊とはどういう存在で、いまどのような問題に直面しているかも提示できると考えたんです。

これら三本の宣伝は、テレビスポット・新聞広告・雑誌・電車内吊り広告など、さまざまな媒体を通して競うように当時盛んに宣伝された。いずれの作品にも共通するのは、特定の軍事マニア向けではなく、ごく普通の若い女性やカップルなどが、たとえば人気俳優が出演しているから、あるいは盛んに宣伝しているから、という理由で気軽に観る映画だったことである。事実、『ローレライ』の配給元である東宝の宣伝担当者は「福井ファンは男性が多いので、『男映画』と呼んでいたのですが、女性客が予想以上に多い」と話している。自衛隊協力映画ではない『ローレライ』を含め、福井晴敏三作品が、防衛省の広報戦略のなかで重要視されている「若者や女性層への防衛思想の普及」に大いに役立ったのは確実だろう。

4『空母いぶき』（二〇一九年）

監督：若松節朗
主演：西島秀俊、佐々木蔵之介
製作：木下グループ、バンダイナムコアーツ、小学館、MBS、エネット、LIFULL、デスティニー
興行収入：一一・六億円（邦画ランキング第三三位）

本作は、二〇一四年から一九年まで『ビッグコミック』（小学館）にて連載された、かわぐちかいじ『空母いぶき』の映画化作品である。かわぐちは、第8章で扱った『沈黙の艦隊』の原作者でもある。公開の時期は、ヘリコプター搭載護衛艦「いずも」が就航し、自衛隊初の空母としての運用が懸念されていた頃だった。実際にその後「いずも」は、史上初となる米海兵隊のF－35B戦闘機による海上自衛隊艦艇への発着艦試験を経て、空母としての運用に向けた改修を重ねている。

主人公をはじめとする主要登場人物はほぼ自衛官であるが、航空自衛隊パイロットが海上自衛隊の空母の艦長になるという設定からして、第6章の『亡国のイージス』における協力までの経緯を考えれば、自衛隊の正式協力はまず不可能である。エンドロールにももちろん協力の記載はない。ただし、劇場用パンフレットには見開き二ページにわたり、「映画『空母いぶき』と日本の安全保障」というコラムが掲載されており、「自衛隊の成り立ち」や「防衛出動」等について詳しく解説されている。執筆しているのは、

第10章でも引用した元海上自衛隊呉地方総監・海将の伊藤俊幸である。

　また、公式ホームページには「上坂すみれ　潜水艦見学レポート」と「西島秀俊　F15体験搭乗レポート」という二つの記事が掲載されている。最初の記事では、本作から生まれたボイスドラマ「第5護衛隊群かく戦えり――女子部」の女性声優四名が見学に参加しており、トップの写真では、彼女たちが海上自衛官らと笑顔で敬礼している。二番目の記事によると、主人公を演じた西島が役作りのために百里基地を訪れており、約一年の調整期間を経て千歳空港での戦闘機体験搭乗が行われたということだ。よって、実際には多少の協力がなされていたとみなすべきだろう。自衛隊広報誌『MAMOR』でも、本作には護衛艦「いずも」「あたご」「こんごう」、潜水艦「けんりゅう」「せとしお」、水陸両用車、82式指揮通信車、C－2などの装備品が多数登場する、と報じられている。

　本作では、尖閣諸島をめぐる中国との武力衝突を想起させるストーリーとなっていたことが注目に値する。東アジアの緊張が高まっていた二〇〇五年に、第6章で扱った『亡国のイージス』で北朝鮮を想起させる「敵国」を描いた福井晴敏が本作の企画に関わっているが、この約一五年間で北朝鮮から中国へと敵国イメージが変化したことは非常に大きいだろう。米中の対立が激化する現代において、今後は自衛隊協力映画でも「某国」として中国がイメージされる作品が登場する可能性は大いにある。第10章で触れたように、一五年に改訂された米軍の映画協力基準では、製作体制においても対中国を意識するようになっている。自衛隊が公的に協力するフィクションで描かれる敵の表象には、このように必ずリアルポリティクスが反映されているのである。

第12章　自衛隊協力映画の時代背景

本章では、どのような時代的背景のもとに自衛隊協力映画が製作・公開されたのかを検証していく。第1章の表でも示したように、自衛隊による映画協力の節目と作品内容の変化によって、以下の五つの年代に区切ることが可能である。

第一期「開始期」（一九六〇－七〇年）
第二期「中断期」（一九七一－八八年）
第三期「再開期」（一九八九－二〇〇〇年）
第四期「発展期」（二〇〇一－一一年）
第五期「成熟期」（二〇一二年以降）

各年代には、変化のきっかけとなる社会的・政治的事件が必ず存在する。それらは直接の要因とはならないにせよ、時代の空気を形成することによって、結果的に自衛隊の広報に影響を及ぼすことになるのである。

1 第一期：開始期（一九六〇―七〇年）

第1章で詳述したように、一九六〇年には自衛隊による映画協力の基礎となる「部外協力映画に対する防衛庁の協力実施の基準について（通知）」が発令された。その七か月ほど前の一月一九日には、激しい闘争の末に新安保条約が締結されている。第2章で扱った六四年公開『今日もわれ大空にあり』と六八年公開『ジェットF104　脱出せよ』は、いずれも米軍の指導のもとに設立された航空自衛隊の映画であり、米軍やアメリカ人そのものは登場しないにせよ、アメリカナイズされた自由闊達なパイロットたちの姿が描かれていた。旧軍とは断絶した新しく現代的な組織としての航空自衛隊の表象は、言外に日米同盟を肯定するものであったといえるだろう。

一九六一年六月二八日には、自衛隊法第五二条の「服務の本旨」に準拠した「自衛官の心がまえ」が制定された。「1 使命の自覚、2 個人の充実、3 責任の遂行、4 規律の厳守、5 団結の強化」を基本とし、「ことに臨んでは、身をもって職責を完遂する覚悟」を説く内容は、現在に至るまで自衛官の精神的規律となっている。特に注目したいのは、「自衛官の精神の基盤となるものは健全な国民精神である。わけても自己を高め、人を愛し、民族と祖国をおもう心は、正しい民族愛、祖国愛としてつねに自衛官の精神の基調となるものである」という部分である。ここでは「愛国心」という用語が巧妙に避けられているが意味する内容は同じであり、戦前日本へのノスタルジーを多分に感じさせる。

一九五一年には、敗戦直後の非軍事政策が早くも覆されて「逆コース」という言葉が生まれていた。五六年の『経済白書』では、急回復はもはや見込めないという意味で「もはや戦後ではない」と書かれたが、その後も続く高度経済成長を背景として、六〇年代には保守主義が台頭していた。六二年には防衛大への進学をやめる主人公を描いたＲＫＢ毎日のドラマ「ひとりっ子」が放送中止、六五年には日本テレビの「ベトナム海兵大隊戦記」が一部放送中止など、国家権力によるメディアへの介入が目立っていた時期でもある。

こうした保守化を示す顕著な例の一つが、一九六六年一〇月三一日に中央教育審議会の答申「後期中等教育の拡充整備について」で別記された「期待される人間像」である。「民主主義」や「個人」という戦後の概念を前面に出しつつ、その内容には過去から続く「日本」なるものを再構築・再登場させる企図が見られる。「期待される人間像」の成立過程を詳しく分析した貝塚茂樹によれば、中心となって執筆したのは高坂正顕である。高坂は京都学派の一人であり、「大東亜戦争」を肯定したことで有名な「世界史的立場と日本」座談会に参加した人物だ。

「期待される人間像」第1部の「当面する日本人の課題」では、「敗戦の悲惨な事実は、過去の日本および日本人のあり方がことごとく誤ったものであったかのような錯覚を起こさせ、日本の歴史および日本人の国民性は無視されがちであった」とし、「もし日本人の欠点のみを指摘し，それを除去するのに急であって，その長所を伸ばす心がけがないならば，日本人の精神的風土にふさわしい形で新たな理想を実現することはできないであろう」と断言している。第2部は「第1章　個人として、第2章　家庭人として、

第3章　社会人として、第4章　国民として」というように、私＝個人＝プライベートなものから公＝国家へ＝パブリックなものへと同心円的に「日本人」概念を広げ、個々人の国民的アイデンティティの形成を促す内容となっている。この構成は、一九五一年に出された「国民実践要領」の構成、「第一章　個人、第二章　家、第三章　社会、第四章　国家」とほぼ同じである。「国民実践要領」とは、当時文部大臣でいわゆる「オールド・リベラリスト」の天野貞祐が、公職追放中だった「高坂正顕、西谷啓治、鈴木成高の三氏に委嘱して編纂した」ものだ。天野は、「期待される人間像」の委員でもある。つまり、天野と高坂らがつくった「国民実践要領」は結局世論の批判を受けて白紙撤回されたが、一五年の時を経て「期待される人間像」として甦ったというわけなのである。

こうした「日本再興」の動きは、一九七〇年三月一四日から九月一三日まで開催された日本万国博覧会で一つのピークを迎える。万国博覧会を戦争と関連づけて分析した椹木野依《さわらぎのい》は、博覧会がそもそもアルチュセールのいう「国家のイデオロギー装置」としての性格を持つことを前提として、「大阪万博は、次第に矛盾を露呈しつつあった国民国家をいまいちど束ねるための国策イベントとしての側面をも持っていた」と論じている。七〇年は、保守政治家として頭角を現していた当時の中曽根康弘防衛庁長官によって『防衛白書』第一号が発刊された年でもある。この白書の一番の特徴は、「最もたいせつなことは、わが国の平和と独立を守り抜こうとする防衛意欲であり、ことばをかえていえば愛国心である」と「自衛官の心がまえ」のなかですら避けられた「愛国心」を主張していることであった。

しかし、このような戦前回帰の動きに対し、同じくらい強い反発があったのも、この時代の特徴である。

それは小熊英二が指摘するように、当時は自国の将来を真剣に見据えるという意味での、右翼左翼という政治的立場を超えた「愛国」があったからだろう。一九七〇年六月二三日に自動継続となった日米安全保障条約に対する左翼運動の高まりは、その最たるものであり、国会においても野党の左派的主張を無視することは困難だった。すでに第1章で述べたように、七〇年四月六日の参議院予算委員会では、自衛隊の映画協力に対する野党からの追及が行われ、二〇年近くも協力が中断されることとなった。

2　第二期：中断期（一九七一－八九年）

自衛隊の映画協力の中断が物語るように、この時期は社会の左翼的空気がまだまだ強かった一方で、その後の自衛隊広報の復活・発展の根となるような重要な変化も指摘できる。まず一九七〇年がピークだった新左翼運動は、激化した内ゲバによって疲弊し、七一年から七二年にかけての一連の連合赤軍事件で完全に沈静化していった。同時に保守主義のほうも、ベトナム戦争でのアメリカの苦戦や世界的な反戦運動を受け、六〇年代までの勢いはなくなっていく。しかし、江藤淳が評論で使用した「自己同一性《アイデンティティ》」という用語を用いて、「『自分探し』としての保守ナショナリズムという、前世代の保守論者には思いもよらなかった新しいスタイルが生みだされた」のもこの時期であったと、小熊は指摘している。国家を自己の拠り所として位置づけるような保守思想は、八〇年の「文化の時代」という文化政策から国家のイデオロギーとして定着していった観がある。

「文化の時代」とは、九冊からなる『大平総理の政策研究会報告書』(以下、報告書)で提唱された概念である。なかでも最もイデオロギー色が強かった第一巻『文化の時代研究グループ報告書』の巻頭にある「総論　文化の時代の到来」には、「日本人が自己の伝統的文化の下に生き、その文化的規範の下で生きているという現実は否定できない」、「日本人である以上、日本文化に深く関心を持つのは当然」というように、「日本人」をア・プリオリに規定し、個人の自己同一性《アイデンティティ》を規定する絶対的存在として「伝統的文化」を位置づける表現がなされている。この箇所がことさらに取り上げられて批判されたため、「文化の時代」全体が保守的内容であると理解されているふしがある。

しかし、九巻すべての報告書に目を通すと、そこで言及されている「日本人」「日本文化」という概念には、実はかなりの揺らぎがある。報告書は、数々の専門分野にわたる学者、文化人、企業家、各省庁の実務家など約二〇〇人が集められて編纂されたため、内容的には各巻の一貫性に欠けるのが実態である。結局のところ問題なのは、「文化」という言葉で「日本」の再統一を目指そうとする企図そのものといえよう。ハリー・ハルトゥーニアンは、「文化の時代」の試みを以下のように総括している。

この計画が成し遂げようとしたことは、政治と文化の分割の最終的な除去であって、近代的なものを成立させ無秩序の原因となる両者の決定的な分割とアポリアを排除して、社会的なものを政治的全体性のうちに統合しようとしたのである。

国家がイメージする「文化」とは、実は「国家」そのものといえるだろう。矛盾・反目するすべてのイデオロギーを飲み込み、統合し、跪かせるのが「文化」であり「国家」であり、換言すれば「文化の時代」とは「国家の時代」なのである。そして実際にこの「文化の時代」は、その後の新自由主義の流れのなかで、結果的に日本が「大きな政府」として展開した最後の文化政策となった。

一九八一年刊行の昭和五六年版『日本の防衛』には、守るべきものとしての「国家体制」が以下のように記されている。

> 守るべきものは、国民であり国土であると同時に、多様な価値観を有する国民にそれを実現するため、最大限の自由を与え得る国家体制であると考えるべきではなかろうか。

この「国家体制」という言葉には、戦中の「国体」概念が亡霊のようにまとわりついている。第7章で述べたように、いうまでもなく戦中の国体には天皇が欠かせない。一九八〇年代において、当然ながら天皇はすっかり政治から消えていたが、安全保障において、問答無用に日本国民あるいは日本民族が従うべきものとして「国体」が位置づけられていることには、まったく変わりはないといえるだろう。また国家に関わる別の政治状況としては、七九年にイギリス首相となったマーガレット・サッチャーによる、国家指導の大がかりなナショナリズムの影響が指摘できる。上からのナショナリズムと新自由主義を両輪とするサッチャリズムは、八〇年にアメリカ大統領となったロナルド・レーガンの政策の先鞭となり、八二年に首相に就任した中曽根康弘の政策にも大きな影響を及ぼした。八七年の国鉄民営化など、九〇年代に本格化する新自由主義の「小さな政府」が「大きな権力」を発動する流れはこの時代から始まっている。

その後一九八〇年代後半になると、日本はバブル経済に突入していく。「豊かな日本」に対する自信と誇りは、エズラ・ヴォーゲルが「ジャパン・アズ・ナンバーワン」と讃えたことでますます深まり、好景気に浮かれるのに忙しく、右であれ左であれ政治運動が高揚する社会的空気ではなかったといえる。そのなかで、八八年の文化庁創立二〇周年を機にまとめられた『我が国の文化と文化行政』には、「およそ一国の文化は、その国の国民のアイデンティティーを形成する源」として、文化振興によって国家的・国民的アイデンティティを確立しようとする企図が明確に示されていた。こうした動きは、豊かさのなかでの「自分探し」の常態化と表裏をなしていたといえるだろう。

3　第三期：再開期（一九八九―二〇〇〇年）

約二〇年の中断を経て、一九八九年公開『ゴジラVSビオランテ』から再開された自衛隊による映画協力は、八九年から九〇年にかけての東欧における共産党政権崩壊、つまり冷戦の終結と軌を一にしていた。事実上の資本主義世界の勝利によって、政治経済分野における新自由主義は、その後暴力的なまでに加速していくことになる。日本では昭和から平成へと年号が変わり、狂乱的なバブルが崩壊したのちに経済的不況が長く続く「失われた」時代に入っていく。安全保障に関わる動きとしては、九一年に自衛隊がペルシャ湾に派遣され、翌九二年には「国際連合平和維持活動等に対する協力に関する法律（通称、ＰＫＯ協力法）」が成立している。

一九九〇年代の文化政策の大きな特徴は、映画を含むポピュラー文化が「コンテンツ」として注目されるようになってきたことである。九三年には日本で最初のシネマコンプレックスとして、神奈川県のショッピングセンター内に「ワーナー・マイカル海老名」がオープンするという新しい動きもあったが、劇場入場者数一一億二七〇〇万人超を記録した五八年をピークに、映画産業はテレビの急速な普及ときれいな反比例をなしてみるみる衰退していた。映画産業を支えるために、まず文化庁で九四年に「映画芸術振興方策の充実について」がまとめられる。また通商産業省でも、九六年に「シネマ活性化研究会報告書」、九八年に「映像産業活性化研究会報告書」が出されており、この時期は映画産業が再び経済政策の対象となっていた。とはいえ九六年の劇場入場者数は、二〇二〇年のコロナ禍までは最低記録の一億一九〇〇万人だったので、具体的な成果が上がっていたとは言い難い。

そのなかで独自の動きを見せたのが、本書がテーマとしている自衛隊協力映画というジャンルである。一九八九年公開の『ゴジラVSビオランテ』（第3章）から二〇〇〇年公開の『守ってあげたい！』（第8章）まで入れると、九〇年代は一七本の自衛隊協力映画が製作された。特に九五年は、『Ｇ１』（第4章）、『右向け左！　自衛隊へ行こう　劇場版』（第8章）、『きけ、わだつみの声　Last Friends』（第7章）、『ゴジラVSデストロイア』の四本が続々公開され、これまでに最も多くの自衛隊協力映画が公開された年となっている。

一九九五年は、雨宮処凛《あまみやかりん》の表現では「大震災」「オウム」「戦後50年」の三点セットの年だった。つまり、一月一七日には阪神・淡路大震災、三月二〇日にはオウム真理教による地下鉄サリン事件が起こり、八月一五日には終戦五〇年を迎えている。重要なのは、これら一連の出来事がすべて自衛隊に深く関わっていたことである。

震災被災者の救援のために災害出動した自衛隊の姿は連日報道され、地下鉄サリン事件でもまた同様だった。さらに、オウム真理教の教団施設があった上九一色《かみくいしき》村への大捜査では陸上自衛隊の化学部隊も出動し、危険な宗教団体から「日本を守る」自衛隊の姿に国民は期待を寄せ、メディアに表象される自衛隊の存在そのものに慣れていった。九一年のペルシャ湾派遣時には、テレビに映る自衛隊の姿を不審の目で見ていた多くの国民も、九五年には感謝や期待をもって自衛隊を見つめていたことだろう。第4章で述べたように、九六年公開の『G2』の主人公は、この地下鉄サリン事件で注目された「陸上自衛隊化学学校」の二佐という設定になっており、自衛隊協力映画にもその影響ははっきりと表れている。

また一方で、戦後五〇年記念作品である『きけ、わだつみの声 Last Friends』が、「疑うべくもないこの歴史の事実を謙虚に受け止め」ると宣言した「村山談話」で言及された日本の持つ負の記憶を描いていたことは、第6章のとおりである。その反動ともいえるかたちで、侵略の記憶を「自虐」という名で一気に捨て去ろうとする動きが出てきたのも、この戦後五〇年という区切りだった。その歴史修正主義的志向は、九六年に創設された「新しい歴史教科書をつくる会」の声明に、最もよく表れている。

われわれはここに戦後五十年間の発想を改め、「歴史とは何か？」の本義に立ち還り、どの民族もが例外なく持っている自国の正史を回復すべく努力する必要を各界につよく訴えたい。

この「新しい歴史教科書をつくる会」の動きに加え、その初期の主要メンバーだった小林よしのりが一九九八年に出版した『戦争論』の影響は甚大だった。渡辺治は「この『戦争論』は五〇万部発行されることにより、ネオ・ナショナリズムの大衆的浸透の梃子となった」と指摘している。戦後五〇年に及ぶ間、かろうじて保持されてきた戦中のアジア侵略の記憶が、四六年ぶりに日本社会党委員長が首相となった内閣でようやく明文化された。しかし、まさにこのことがきっかけとなり、逆に歴史修正主義の立場からの新たなナショナリズムを誕生させ、侵略の過去への認識を衰退させたことは皮肉というしかない。中国や韓国に対する憎しみに近いまでの嫌悪感は、熱狂的な韓流文化消費と同時進行で、現在もかなりの市場性を持ちつづけているといえるだろう。

このようなネオ・ナショナリズムの動き以外にも、九〇年代に転換・変化した国家政策には、新しいナショナリズムの萌芽がいくつも見られた。たとえば、一九九五年に日本経営者団体連盟（日経連）が刊行した『新時代の「日本的経営」』では、企業を超えた横断的労働市場を育成して人材の流通化を図り、自由競争原理の徹底によって、安易な行政依存意識の払拭と自己責任のもとでの公正・公平なルールに則った経営倫理の確立が推奨された。雨宮によれば、これは「棄民的な提言」であり、九五年は「自分たちが見捨てられたはじまりの年」ということになる。つまり、この提言をきっかけに非正規雇用が一般化し、その後の「失われた三〇年」では、低賃金雇用されるワーキングプアの問題が常態化することになったのである。

中西新太郎は、この新自由主義構造改革において、「『自分さがし』の時代から『生きづらさ』の時代へとアイデンティティ・ポリティクスが転換した」と指摘している。こうした転換は、第8章で扱った『守ってあげたい!』にも如実に見られた。主人公のサラサは「自分さがし」として自衛官になったのではなく、新自由主義への転換が反映された「生きづらさ」から入隊したといえるからである。

興味深いことに、日経連の提言の内容と一九八〇年「文化の時代」の『文化の時代の経済運営――文化の時代の経済運営研究グループ(大平総理の政策研究会報告書、7)』の内容とは酷似していた。九冊ある「文化の時代」報告書はいかにも「文化的」な抽象的内容が多かった一方で、「報告書7」のみは一貫して新自由主義的な経済分野の具体策、つまり「効率のよい政府」の実現、金融自由化の促進、市場開放、農業開放体制への移行、終身雇用と年功序列という日本型経営組織の再編成、分配の公正などを述べており、異彩を放っていたのである。前項でも指摘したが、労使が一体となって豊かな社会をめざした「かつての『経済の時代』」から脱却し、さらなる「資本」主義の深化と徹底を図る「新しい『経済の時代』」を目指すグループが、八〇年の時点から存在していたことがここでも見られるのだ。

文化政策の分野を見ると、一九九七年に刊行された文部省編纂『我が国の文教施策』(平成九年度版)では、初めて「メディア芸術」と「コンテンツ」が言及されている。これは、その背景にあるインターネットの普及と社会のデジタル化により、自衛隊協力映画を含む芸術文化全般が「デジタル商品」として消費されるようになったことを意味する。重くて複雑なメッセージがそぐわない消費主義の徹底は、自衛隊にとっては諸刃の剣といえるだろう。簡単に消費されて見かけの人気を得られる一方で、気まぐれで面倒なことが大嫌いな消費者は、自衛官という職業にはなかなか魅力を感じないからである。

4　第四期：発展期（二〇〇一―一一年）

一九九〇年代後半から続くネオ・ナショナリズムの流れのなかで、二〇〇一年九月一一日にはアメリカで同時多発テロ事件が起こった。アメリカの象徴でもあったツインタワーの崩壊という衝撃と混乱により、異常なまでに高まったアメリカ国内のナショナリズムを背景としてアフガニスタンへの空爆が開始された。〇二年の一般教書演説では、当時のブッシュ大統領がイラン・イラク・北朝鮮の三国を「悪の枢軸」と名指しし、「テロとの戦い」という奇妙な言葉があっという間に市民権を得ることになった。イスラム対西洋諸国という大きな対立を抱える不安定な「ポスト9・11」の時代は、現在に至るまで長く続くことになる。

以上を背景として、日本でも安全保障面での大きな動きがあった。二〇〇一年四月二六日から〇六年九月二六日まで続いた小泉純一郎内閣は、発足時の支持率が八〇％超という絶大な人気を武器に、日本の防衛方針に関わる重要な施策を次々と断行していった。まずは、〇一年一〇月にテロ対策特別措置法を成立させ、海上自衛隊をアフガニスタン攻撃に向かう米軍の後方支援に向かわせた。同年一二月には海上保安庁と北朝鮮工作船が銃撃戦となり、継続する世界的緊張のなかで国民の不安がさらに増幅し、日本を守る自衛隊の役割が急速にリアリティを帯びはじめることになった。〇三年三月からのイラク戦争でも小泉政権はブッシュ米大統領を強力に支持し、六月には武力攻撃事態対処関連三法、七月には四年間の時限立法としてイラク特措法（〇九年七月に延長期限切れで失効）を成立させた。翌年〇四年六月一四日には、国民保護法・米軍行動関連措置法・特定公共施設利用法・国際人道法違反処罰法・海上輸送規制法・捕虜取扱い法・自衛隊法一部改正法（いずれも通称）からなる有事関連七法を成立させ、与党にとって長年の懸案であった有事法制が整うことになったのである。

この時期、東アジアでも引き続き各国のナショナリズムが盛り上がっていた。二〇〇四年以降は韓国との竹島（独島《トクト》）問題が熱を帯びはじめ、〇五年は中国で反日デモが繰り返された。〇六年には、北朝鮮のミサイル発射実験によって七発の弾道ミサイルが日本海に向けて発射されている。こうした社会的ムードに後押しされるかのように、第6章で述べた『亡国のイージス』や『ミッドナイトイーグル』のように、自衛隊協力映画のなかで戦後初めて実際の敵との攻防が描かれるようになったことが、発展期の大きな変化としてあげられる。ただし、小泉内閣が行った強硬路線は安全保障分野に限ったものではなく、その政治の中心は「聖域なき構造改革」という「小さな政府」への転換を目指す経済政策だった。特に「改革の本丸」とされた郵政民営化は、二〇〇五年の新語・流行語大賞ともなった「小泉劇場」のメインテーマである。

むしろ問題だったのは、小泉の劇場型政治を展開させた一番の立役者であるマス・メディアである。彼の一挙一動を報道することに躍起になり、その批判的能力を大幅に減退させる結果となったといわざるをえない。武力攻撃事態対処法による「武力攻撃事態等における我が国の平和と独立並びに国及び国民の安全の確保」のための指定公共機関には、生活インフラに関わる電力・ガス・通信会社や公共交通機関の他、二〇二四年現在で大手放送会社二二社が含まれている。これは国家が危険と判断した場合には報道に介入できることを意味するが、二〇〇三年の制定時にマスコミ側の異論や反発は驚くほど小さかった。当時は9・11の記憶が鮮明ななかで、〇二年一〇月一二日にバリ島爆弾テロ事件、同年一〇月二三－二六日にモスクワ劇場占拠事件など、大規模なテロが世界各地で頻発しており、自らの報道によって国民の危機意識を最大限に増幅させていたマス・メディアにとっては、「平和」と「安全」に協力しないという選択は、確かに困難ではあっただろう。しかし、政府による発表報道に終始する当時の大手マス・メディア各社の姿勢は、ジャーナリズムが持つべき「権力に対する番犬」としての意識を大幅に後退させ、調査報道という重要な役目を放棄するに近い態度を形成するに至った。その後の報道姿勢と結果としての国民のマス・メディアへの不信感の醸成に及ぼした影響は、きわめて甚大である。

また、個人のあり方として「自己責任論」が急速に浸透したのもこの時期である。社会保障を極力減少させ、あらゆる事業を市場に任せることを是とする新自由主義においては、個人の裁量で金を稼ぎ、個人の資産を個人で守るのが鉄則である。老人であろうが障がい者であろうが、市場への参加が「権利」という名で強制されるのが新自由主義であり、その根底には個人を公のもとに包摂せず、徹底的にその責任を個人に帰する「自己責任論」がベースにある。特にイラク日本人人質事件の際には、解放された人質に対してこの「自己責任論」が強力に展開されることになった。
新自由主義政策においては、国家安全保障の面では人々を「国民」として結集させ、社会保障の面では「個人」にその責任を負わせて国家の財政負担を極力回避しようとするダブルスタンダードが見られる。二〇〇五年は、こうしたネオ・リベラリズムとネオ・ナショナリズムの特徴が、騒々しい小泉劇場において表面化した年なのである。

経済面での新自由主義化に目を向けると、文化政策においてもその傾向を確認することができる。二〇〇一年一一月に発表された「文化の多様性に関するユネスコ世界宣言」においては、「知識を基盤とした経済の発展について、今日的論議の核心であることに留意」することが提言された。つまり、文化と経済が分離不可能であることが世界共通の認識となったのである。同年一二月には、日本で戦後初めての文化立法となる文化芸術振興基本法（一七年に「文化芸術基本法」に改正、以下、基本法）が、自由民主党、公明党、保守党、民主党の四党による超党派の議員一五名によって提出され、成立・施行された。

基本法では伝統芸能・文化財・国語等に関する条項に加えて「メディア芸術の振興」が規定され、その範囲は映画・マンガ・アニメ・ゲームなどのポピュラー文化全般に及んでいた。さらに二〇一七年の改正においては、「観光、まちづくり、国際交流、福祉、教育、産業その他の各関連分野における施策との有機的な連携」を図る項が新たに加えられ、文化政策は芸術の商品化による新自由主義的な経済面と上からのナショナリズムを推進する思想面を、ますます強化している。

この傾向を推進する大きな勢力が、二〇〇二年に経済団体連合会が日経連を統合して誕生した日本経済団体連合会（経団連）である。前述のように、すでに一九九五年の日経連の段階で新自由主義政策を強く打ち出していた経団連であるが、〇七年元旦に刊行した『希望の国、日本　ビジョン２００７』では、経済のみならず教育や国民精神、憲法改正にまで踏み込んだ提言を行っており、その内容は小泉内閣のネオ・リベラリズム＋ネオ・ナショナリズム路線をさらにパワーアップさせながら「戦後レジームからの脱却」を目指した第一次安倍晋三内閣の指針とみごとに一致していた。つまり市場側が自らの権益を守るために、究極的には国民の犠牲すら求めるほど力をつけてきたと解釈できるだろう。

また、この時期に文化庁のみならず国全体がコンテンツ政策に対して熱を上げた別の要因としては、二〇〇二年にダグラス・マグレイが『フォーリン・ポリシー』誌に掲載した「日本のグロス・ナショナル・クール」という記事の存在がある。ポピュラー・カルチャーを中心とする日本の文化力を評価するその内容は、知的財産基本法（〇三年）や通称「コンテンツ促進法」（〇四年）の成立に大いに貢献したといえる。この一連の流れのなかで「映画、放送番組、アニメーション、ゲーム、音楽等を国際競争力ある産業とし、映像コンテンツ産業の発展を通じて日本経済の活性化に寄与することを目的」とする「映像産業振興機構（ＶＩＰＯ＝ビーポ）」が設立されている。ＶＩＰＯの会員には、映画配給会社・テレビ局の他、広告代理店・映画製作会社・レコード会社・商社などがずらりと並ぶ。一〇年には経済産業省のなかに「クール・ジャパン海外戦略室」が設けられ、二四年現在でも「商務・サービスグループ　クールジャパン政策課」による文化産業政策が継続されている。

映画産業の大きな変化としては、以上のような国家をあげてのコンテンツ産業振興にも後押しされ、長らく洋画に押されていた邦画の興行収入が、二〇〇六年あたりから逆転したことがあげられる。特に〇八年以降二三年現在まで、邦画の興行収入は洋画を大きく上回っている。こうした背景には、製作に加わったメディア関連会社の資金回収のために、洋画と邦画の上映割合が変化したことも大きく関係している。いずれにせよ、邦画の活況のなかで多くの自衛隊協力映画が製作・公開され、第5章で述べた『日本沈没』、第7章で述べた『男たちの大和／YAMATO』や『永遠の0』のように、興行収入が五〇億円を超えるような大ヒット作品も生まれてきたのである。

以上の複数の要因により、自衛隊の表象に対する心理的抵抗が、二〇〇〇年代にはほとんど消滅している。〇四年に起きた新潟県中越地震における自衛隊の救助活動も、一九九五年の阪神・淡路大震災と同様の効果をもたらし、『マリと子犬の物語』（第5章）の題材になった。一方、この時期に起こった自衛隊にとって最大のマイナス事件としては、第2章で述べた〇八年の「田母神問題」があげられるだろう。田母神の主張は即座に否定されたわけだが、実はその内容は、一九六一年に制定された「自衛官の心がまえ」の最初にある「古い歴史とすぐれた伝統をもつわが国」という文言と完全に一致していた。つまり、田母神は少なくとも部分的には国家の主張、あるいはこの時点では病気を理由に退陣していたが第一次安倍内閣の信条を言葉にしただけともいえるのである。

安倍が首相就任前の二〇〇六年七月に発表した『美しい国へ』では、国防の正当性や日米同盟の重要性、「自己責任」という名での福祉の縮小、国に対する誇りを取り戻すための教育改革などを平易な言葉で語り、五〇万部以上を売り上げた。第一次安倍内閣は、防衛庁を省に昇格させ、教育基本法を改正し、憲法

第九条改正を念頭に国民投票法（通称）を成立させた。この時期に日本の右傾化が一気に進んだことは、論を俟たない。

そして、日本の大きな転換点となる東日本大震災が、二〇一一年三月一一日に起こる。巨大地震による津波と原子力発電所事故という未曽有の災害は、世界にも大きな衝撃を与えた。防衛省の発表によれば、「大規模震災対処」への派遣人員は延べ約一〇五八万人、「原子力災害対処」への派遣人員は延べ約八万人であり、自然災害が多発する日本にとって自衛隊がなくてはならない存在であることを決定づけたといえるだろう。実際に、内閣府が三年に一度実施している自衛隊に関する世論調査によると、東日本大震災前に八〇・九％だった「自衛隊に良い印象を持っている」という回答は、二〇一二年には九一・七％にまで上がり、その後も九割前後を維持している。結果的にこの震災によって、日本は「ポスト9・11」に加えて「ポスト3・11」という時代に入っていくことになったのである。

5　第五期：成熟期（二〇一二年以降）

二〇一二年一二月二六日から二〇年九月一六日までは、第二次－第四次安倍晋三内閣の時期にあたる。首相復帰の際に安倍が発表した『新しい国へ――美しい国へ　完全版』には、「強い日本を取り戻すために」というキャッチコピーが付けられ、「アベノミクス」という言葉に集約される新自由主義のもとでのデフレ脱却、尖閣諸島での中国との攻防をはっきりと意識した海上保安庁や防衛省への予算増額、集団的自衛権の行使容認などを明言していた。韓国史上初の女性大統領に就任した朴槿恵《パククネ》が対日強硬派だったこともあり、対韓外交の面でも友好的な関係は築けていなかった。こうした実際の外交関係に加え、一三年は特に「嫌韓憎中」と称される内容の本や週刊誌が目立ち、ベストセラーランキングにも入るようになっていた。また、在特会に代表されるヘイトスピーチ行動も激化していた時期である。

二〇一三年一二月一七日には、政府の外交・安全保障政策の指針となる「国家安全保障戦略について」（NSS）が、一九五七年に制定された「国防の基本方針について」に代わるものとして閣議決定された。そのなかの「社会的基盤の強化」という項目には「我が国と郷土を愛する心を養う」ことが明記されている。これは言い換えれば「愛国心の涵養」であり、三七年に第一次近衛内閣が行った「国家のために自己を犠牲にして尽くす国民の精神」の再構築にほかならない。

このような空気のなかで、『名探偵コナン　絶海の探偵《プライベート・アイ》』（第6章）、『永遠の0』（第7章）に加え、陸上自衛隊と航空自衛隊が協力した『図書館戦争』（佐藤信介監督、岡田准一主演、興行収入：一七・二億円、邦画ランキング二二位）の三本が公開され、二〇一三年は自衛隊協力映画の当たり年となった。さらに、一三年四―六月には航空自衛隊の広報室を描くドラマ『空飛ぶ広報室』（新垣結衣主演、TBS）が放送され、平均視聴率一二・六％のヒット作品となった。

『図書館戦争』と『空飛ぶ広報室』は、どちらも有川浩原作による作品である。有川は、もともと自衛隊をテーマにした作品を多数執筆しているが、『空飛ぶ広報室』を書くきっかけは、劇中の航空幕僚監部広報室室長のモデルとなった人物からの売り込みだったという。ミーハーで軽い人物として描かれる室長は、自衛隊広報の「ソフト化」のシンボルともいうべき人物として描かれており、このドラマが実際の自衛隊広報に対する人々の好感度に大いに貢献したといえる。第11章で述べたように、二〇〇五年は福井晴敏Yearだったが、一三年はまさしく有川浩Yearだった。福井の場合と同様に、映画化・ドラマ化のタイミングが重なったのはおそらく偶然であろうが、それが同時代史的社会状況に後押しされていることは間違いない。また、『ガールズ&パンツァー』(第9章)の人気もこの時期にあたっている。

二〇一四年に入っても、自衛隊ブームは過熱する一方だった。四月放送のお見合いバラエティ番組では自衛官の回で過去最多の応募[1]があり、五月には自衛官をモデルにした『国防男子』『国防女子』という写真集が発売された。同年一一月には新語・流行語大賞として、自衛官との結婚を指す「J婚」という言葉がノミネートされている。〇七年一月の創刊以来、アイドルに制服を着せて敬礼のポーズをとらせた表紙が目を引く自衛隊広報誌『ＭＡＭＯＲ』の高久裕編集長は、自衛隊に対して「今やアレルギーはなくなった」と当時断言していた。「自衛隊のソフトなイメージづくり」を懸念する声もジャーナリズムのなかには根強くあったものの、メディア企業の自衛隊景気に対する浮かれぶりにかき消されていたといえるだろう。また、これまで何度か述べてきたように、二〇一六年の熊本地震、一八年の西日本豪雨など、頻発する自然災害によって自衛隊出動が常態化したことも、自衛隊の好感度に確実につながっている。

安全保障に関連する法整備も、引き続き継続されていた。二〇一四年四月一日には、「武器輸出三原則」に代わる新たな政府方針として、事実上禁じられてきた武器輸出を可能にする「防衛装備移転三原則」が制定されている。また、同年一二月一〇日には、日本の安全保障に関する情報のうち「特に秘匿することが必要であるもの」を指定し、取扱者の適性評価の実施や漏洩した場合の罰則などを定めた「特定秘密保護法」（通称）が施行され、メディアによる報道の萎縮や自主規制がますます強まることが懸念されていた。

二〇一五年は、イスラム過激派組織「ＩＳＩＬ」による日本人人質殺害事件で幕を開けた。八月一四日に発表された安倍首相による戦後七〇年談話では、村山談話における「植民地支配」「侵略」「痛切な反省」「お詫び」という四つのキーワードを使用し、歴代内閣の姿勢がかろうじて継承されはした。しかし九月には、「自由と民主主義のための学生緊急行動（SEALDs）」を中心とする学生が多数参加した国会前大規模デモなどの国民の反対を顧みず、安保関連法案が強行採決される事態となっている。

以上のように保守化を強める日本の政治状況のなかで、自衛隊の広報が多様化したのもこの時期の特徴である。終章でも触れるが、テレビのバラエティ番組やワイドショーへの進出は、目を見張るものがある。また、二〇二〇年末から三年以上も続いた新型コロナウイルス蔓延によって「おうち時間」が増えた時期は、YouTubeにアップされた自衛隊による動画が大きな話題となった。

コンテンツ産業は、現実的な政治状況《リアル・ポリティクス》に敏感に反応しながら商品をつくり、その表象が展開する文化政治《カルチュラル・ポリティクス》には目をつぶりつづけ、利潤追求に余念がない。自衛隊が金になるコンテンツとなった現在、厳しさを増す国際情勢は自衛隊協力映画を含むポピュラー文化の表象に直接間接に影響を及ぼし、さらにそれが現実の社会的ムードにフィードバックされる、という循環が繰り返されている。二〇二四年五月現在、二二年に勃発したロシアとウクライナの戦争は継続しており、二三年からのパレスチナ・イスラエル紛争も解決の兆しが見えない。ソフト化した自衛隊がハードになる日が来ることのないように、今後も現実とメディアの双方を注視していく必要があるだろう。

〔註〕

（1）ＴＢＳ「もてもてナイティナインお見合い大作戦、自衛隊の花嫁」二〇一四年四月八日放送。番組が好評だったため、二〇一九年六月一七日放送「ナイナイのお見合い大作戦！自衛隊の花嫁３時間ＳＰ」の第四弾まで製作されている。「ナイナイのお見合い大作戦！（ＴＢＳテレビ）公式Facebook　https://www.facebook.com/99omiai（二〇二四年一二月一二日最終閲覧）。

終章　自衛隊広報の現状(1)

本章では、広報施設やイベントに焦点をあて、自衛隊広報全般について考察する。その前に、自衛隊広報の大きな変化を概観していきたい。二〇一三年の前書刊行からのこの一〇年ほどの間に、メディアの進化とそれによる大きな社会文化の変容があった。

ＮＴＴドコモのモバイル社会研究所による、全国の一五歳から七九歳までの男女を対象とした調査では、ケータイ・スマートフォン所有者のうちのスマートフォン比率は、二〇一三年では三六・八％だったが、二〇二四年では九七％と三倍近くも伸びている。この変化は当然ながらＸ（旧Twitter）、YouTube、instagram、TikTok等のＳＮＳの発達と軌を一にしており、自衛隊の広報の変化とも密接に関わっている。

まずは、防衛省・自衛隊自身がＳＮＳで「生」の声を届けるようになったことが大きい。防衛省や陸・海・空の各自衛隊、全国の基地・駐屯地は、公式ホームページの他に各種ＳＮＳの公式アカウントを持っており、たとえば二〇二四年七月一八日現在、「防衛省・自衛隊」のＸ公式アカウントのフォロワー数は一二三・七万にもなる。コロナ禍においては、マスクの着脱方法などの自衛隊のYoutubeチャンネルがかなりの人気を博した。これらのアカウントから、日々さまざまな情報が迅速に発信されるようになっているのである。このようなSNSでの発言は、二二年に発覚・表面化した自衛隊での性暴力問題、二三年に起こった自衛隊射撃場における自衛官候補生による自動小銃発砲事件など、自衛隊にとって不都合な事実を相対的に薄めることになるだろう。

さらに重要なのが、一般市民が自衛隊に関する話題をSNSにアップするようになったことである。全国各地で開催される自衛隊のイベントでは、長い望遠レンズの付いた一眼レフカメラを構えるマニアたちよりもずっと多くの「フツー」の人々が、歓声を上げながらスマートフォンで絶えず撮影をし、しきりにSNS発信を行っている。これは、自衛隊というキャラクターを楽しく無邪気に消費する行為といえよう。彼らは通常のテーマパークやイベントと同じ感覚で自衛隊広報施設やイベントの様子をSNSにアップし、読んだ側も気軽に「いいね！」を押す。つまり、戦車・戦闘機・艦艇・制服を着た自衛官などは、いわば「萌え」と「映え」の対象なのである。

このようなSNS上のコミュニケーション行動は、当然ながら「自主的・主体的な自衛隊広報」となっていく。昨今は、自衛隊側がこうした状況を十分自覚して広報イベントを企画・開催しているといえるだろう。本書では、こうした行為と第9章で扱った「萌えポスター」の両方の状況を含んで「萌え広報」と定義したい。その背景にあるのは、他者からの「いいね！」がほしいという欲望である。

「萌え広報」を分析するには、そもそも日本に「キャラクター」あるいは「萌え」そのものが蔓延している現状を考慮する必要がある。矢野経済研究所によれば、日本における商品化権と版権を合わせた二〇二四年のキャラクタービジネス市場規模は、二兆七五〇〇億円近くになると予想されている。さらには

「ニッチな〝萌え〟キャラクターのほうが、何倍も高い経済規模を築いている」という現状も加わる。つまり日本はデータから見てもそもそもキャラクター大国であり、「萌え国家」なのである。東浩紀は、一九九〇年代に台頭してきた新たな消費行動を「キャラ萌え」と名づけ、「断片であるイラストや設定だけが単独で消費され、その断片に向けて消費者が勝手に感情移入を強めていく」という特徴を指摘した。自衛隊の「萌え広報」は、まさに「キャラ萌え」という消費トレンドの一環として位置づけられるだろう。

自衛隊の「萌え広報」を批判する人々は、往々にして自衛隊という組織に常に「大きな物語」を重ね、萌えキャラというソフトな表象で過去の暗い歴史と暴力的な組織の有り様を誤魔化しているというような主張をするが、それは「キャラ萌え」の現状とは程遠いといわざるをえない。「萌え広報」がなぜ一〇年以上にわたって人気なのか。それはあくまで「断片」としての個々のキャラクターへの「萌え」、そして同じく「断片」となった自衛隊への「萌え」、さらに「断片同志の心躍るミックス」としての「萌え＋ミリタリー」「萌え＋自衛隊」を楽しんでいるからなのである。そこに自衛隊が持つ政治性に対する主張は、良くも悪くもまったく見られない。いくつかの自治体でも同様の「萌え広報」が行われては批判されるという状況が繰り返されてきたが、作成側からすれば「公共の広報」と「萌えキャラ」という断片同士のミックスを利用して話題づくりをしているにすぎないのである。これは、キャラクター大国であり消費国家である日本における、もはや必然の現象ともいえるのではないか。

繰り返せば「萌え消費」の特徴は、消費する側に見られる旺盛な主体性である。大塚英志は「物語消費」という概念で「断片的な情報」を受け手の側が「想像＝創造」する消費形態を提示したが、二〇一〇年代以降のスマートフォンとSNSの普及とともに、単に作品を見たり読んだりして楽しむだけではなく、好きなキャラクターのグッズを買う、写真を撮る、SNSに投稿する、ファン同士がオンライン・オフラインで情報交換をする、時には二次創作をする、それをさらにSNSで発信する――というような、生産／消費という旧来の概念には収まらない経済的情報活動が常態化している。それはコンテンツ・コミュニケーションともいうべきものだ。こうした状況のなかで、自衛隊そのものも消費されるコンテンツ＝キャラクターとなったのである。

「消費コンテンツとしての自衛隊」の人気から、近年は自衛隊が登場するテレビ番組の増加も目立つ。東京新聞の記事によると、防衛省が発表している自衛隊が出演したバラエティやワイドショー番組（報道除く）の数は、二〇二一年度では三六件、二二年度一四件、二三年度は一〇月下旬までで一六件にものぼる。カズレーザーや元自衛官の経歴があるやす子などのお笑いタレントが出演する番組に加え、俳優が体験入隊したり、戦闘機に乗ったりする番組もめずらしくなくなった。

以上のように、現代におけるメディアと消費の加速度的発達が、自衛隊イメージの脱臼化と再強化を同時に促しているといえるだろう。「萌え広報」は、自衛隊への親近感を高めることに大いに貢献すると同時に、これまでの自衛隊広報や近代国民国家の軍事組織である自衛隊のあり方自体を変化させているからである。SNS上のコミュニケーションを含んだ「萌え広報」は、非常に不安定なものにならざるをえない。第9章でも指摘したように、当然ながらキャラクターとしての人気と現実の職業としての人気には乖離が生じてくる。その反面、近年のさまざまな「炎上」事例が示すように、思わぬ暴力性が発動する可能性もあると指摘したい。ＳＮＳであっという間に拡散されていくフェイクニュースも含む流言は、ネット空間のみならず、現実の身体を伴って特定の人々を追いつめ、完膚なきまでに叩きのめすからである。

1　自衛隊広報施設

図 19　りっくんランドに展示されている戦闘車両

著者撮影

防衛省・自衛隊の広報施設は、基地・駐屯地内にある小さなものから、全国から多くの人が訪れるような大規模な施設まで全国各地に点在している。なかでも「自衛隊の広報活動の用に供されている自衛隊の施設のうち、当該施設の床面積が二千五百平方メートル以上であり、かつ、年間の入場者の数が五万人を超える」「大規模広報施設」に区分される常設の広報センターとして、陸上自衛隊広報センター「りっくんランド」、海上自衛隊呉史料館「てつのくじら館」、海上自衛隊佐世保史料館、海上自衛隊鹿屋史料館、航空自衛隊浜松広報館「エアーパーク」の五か所が存在する。これらの事業概要は、「防衛省・自衛隊に関する国民の認識と理解を深め、わが国の防衛に関する正確な知識を広く普及することを目的として、装備品の展示や迫力のある映像などを直接見て、触れて、体感できることで、防衛

図20　エアーパークの館内

著者撮影

省・自衛隊を身近に感じ、より一層の関心を持つことができる」施設と規定されている。

二〇〇〇年頃から、自衛隊の広報施設は急激にエンターテインメント化してきた。特に「りっくんランド」、「てつのくじら館」、「エアーパーク」の三つは、娯楽要素が強い「体験型」の展示に力を入れている。

二〇〇二年四月に開館した「りっくんランド」の公式ホームページ冒頭には、「ワクワク！ドキドキがとまらない！見て触れて体験して 体験型ミュージアム」とある。10式戦車をはじめとする各種戦闘車両や対戦車ヘリコプターが展示され、射撃シミュレータやフライトシミュレータで遊ぶこともできる。「VRゴーグルを装着して戦車・水陸両用車等の疑似乗車体験」も可能ということだ。二〇二四年七月には、戦闘糧食の体験喫食もできる大型トラックの体験搭乗が企画されている。

エアーパークは、一九九九年四月に開館した。公式ホームページには「見て、体験して、楽しもう‼」とあり、「ブルーインパルスのシミュレーター《ママ》やVR映像、期間限定の映像シアターなど様々なコンテンツ」が用意されている。F－1戦闘機シミュレータでは、敵機を撃墜するコースもある。全天周シアターでは、展示飛行で有名なブルーインパルスを紹介する作品と、訓練上の仮想敵となる通称アグレッサー部隊をフィーチャーしたフィクションドラマなどが上映されている。広い格納庫では、天井から零戦が下がり、初代ブルーインパルス、各時代の練習機などさまざまな飛行機やヘリコプターがところ狭しと展示されていた。二〇二三年一二月には、来館者数八〇〇万人を超えている。

「てつのくじら館」は、実際に海上自衛隊で使用されていた潜水艦「あきしお」をそのまま施設として使用している。「大規模広報施設」のなかで最も新しく、二〇〇七年四月に開館した。公式ホームページでは「実物の潜水艦に乗艦し、その内部を見て、体感する貴重な体験ができる史料館」と紹介されている。「艦内生活体験コーナー」では、乗員が使っているベッドに寝てみることもできる。近くには、二三年一二月に来館者数一六〇〇万人を超えた呉市海事歴史博物館「大和ミュージアム」があり、「てつのくじら館」と一緒に観光する人も多いため、二二年一二月には来館者数が五〇〇万人を超えた。

いずれも無料で楽しめる施設となっているため、ファミリー層を中心としてかなりの人気がある。五つの常設施設の年間来場者数は一〇〇万人超である。

図 21　てつのくじら館の巨大な外観

著者撮影

図 22　2015年の総火演の様子

著者撮影

図 23　艦艇公開風景

著者撮影

2　自衛隊広報イベント

自衛隊による広報イベントとしては、陸・海・空が毎年持ち回りで実施する観閲式、二〇二三年以降は一般公開が中止された富士総合火力演習（総火演）、ブルーインパルスの展示飛行が行われるような航空ショー、艦艇公開などの大きなものから、近隣住民を対象とした全国の基地・駐屯地が開催する桜まつり

図24　戦闘車両展示風景

著者撮影

や盆踊り大会などの小さなものまで、数多く実施されている。これには音楽隊によるコンサートなども含まれる。人気のあるイベントによっては抽選となっており、応募倍率を見ると、二〇一六年の自衛隊記念日観閲式は約一〇倍、一八年の各地の自衛隊音楽まつりは平均で約七倍である。総火演の人気は特に高く、一般公開中止前の一八年の当選倍率は三〇倍にもなっていた。

定期的に全国の基地・駐屯地が開催する周年イベントでは、多くの装備品が展示され、戦闘車両、ヘリコプター、ゴムボート等への搭乗体験などが企画されている場合もある。たとえば、二〇二四年六月開催の北海道襟裳分屯基地開庁七〇周年記念行事では、基地警備訓練、警察犬訓練、UH－60捜索救助訓練、F－15展示飛行などが行われ、装備品として対地空誘導弾ペトリオット発射機、軽装甲機動車、87式偵察警戒車などが展示された。

これらの大型施設や人気イベントの来場者には、二〇代から五〇代くらいまでの男性を主とするいわゆる「ミリタリーオタク」層が目につくが、定期的に各地で開催されるそれ以外の小・中規模のイベントでは、来場者のほとんどが幼児や小中高生を含む近隣住民である。特に、都市圏から離れた基地や駐屯地で催される桜まつりや夏祭りのようなイベントには、身近な娯楽として自衛官の家族を含むファミリー層が多く訪れており、地域の行事とし

図25　自衛隊のパトリオット・ミサイルのゆるキャラ「パックさん〈P太〉」

著者撮影

て溶け込んでいるという現状がある。子どもしか参加できない企画もあり、景品付きのスタンプラリー、自衛隊車両の運転体験、自衛官との簡単なゲームなどには多くの参加があり、楽しそうな歓声が上がっている。こうしたイベントでは、子どもたちがジャングルジムによじのぼるように戦闘車両で遊んでいる光景を見ることもめずらしくない。また、自衛隊のゆるキャラが登場することもお決まりとなっており、これらもかなり人気がある。

その他、体験イベントとしては、軍事車両、輸送ヘリコプター、偵察用ゴムボート、艦艇等への搭乗体験があげられ、抽選や当日数時間の待ち時間となることもめずらしくない。二〇一〇年代前後から、第9章で述べたガルパンや艦これなどの「萌えミリ」ジャンルが人気で、それらのファンが自衛隊施設やイベントに流入し、自衛隊側も積極的にコラボする状況が見られることも前述のとおりである。

また、横田基地や岩国基地などで開催される在日米軍と合同のイベントもいくつかある。規模も大きくなるため、二〇二四年五月五日に開催された「岩国フレンドシップデー」には一一万三〇〇〇人、同月一八日と一九日に二日間にわたって開催された「横田基地　日米友好祭　フレンドシップ・フェスティバル」には、三〇万二〇〇〇人もの来場者があったという。これらのイベントでは必ず輸送ヘリコプター

図 26 「横田基地　日米友好祭　フレンドシップ・フェスティバル 2022」に飛来したエアフォース・ワン

著者撮影

「オスプレイ」の展示があり、来場者が機内を見学できるようになっている。事故が多く、在日米軍の負の象徴の一つともなっている機種だが、イベントでは見学に長蛇の列ができるほどの大人気である。二二年の「横田基地　日米友好祭　フレンドシップ・フェスティバル」には、バイデン大統領を乗せたエアフォース・ワンが着陸して来場者を喜ばせた。

以上のイベントは米軍基地に入場することになるため、一六歳以上の人が入場するには、運転免許証・マイナンバーカード・パスポートなどの国籍を証明する写真付き身分証明書の提示が求められる。米軍基地は日本の土地にあるが、日本国ではないのである。日米地位協定のもとに、米兵による暴力・性被害、基地周辺の騒音、高濃度の有機フッ素化合物（PFAS）を含む汚染水など、日本側に不利な問題は山積している。その日本側の不満、とりわけ基地周辺の住民の怒りや不安をうやむやにし、むしろ親密感を生み出すために、日米親善イベントでは「強くてカッコよく、かつフレンドリーなアメリカ」が強調されている。高度に政治的な在日米軍の広報は、自衛隊を上回るしたたかさを見せているのだ。憲法第九条のもとに、優しさと真面目さを強調する／せざるをえない自衛隊とは正反対に、強い軍隊を堂々とアピールする米軍は「積極的な広報戦略」をとっており、まさにハードパワーによるソフトパワー行使の実例といえるだろう。

第10章で論じたように、その戦略はもちろん映画にも及んでいる。映画のなかの米軍は、どこまでも強い「正義」の軍隊である。一方の自衛隊は、映画のなかではだいぶ強くなってきたものの、今のところ明確な敵を描いてそれを撃破するというところまではなかなかいかない。しかし、これまで考察してきたように、自衛隊協力映画における表象には必ずリアル・ポリティクスが反映される。二〇二四年七月二二日、イギリスの航空ショーで日本・イギリス・イタリアが共同開発している次期戦闘機の模型が公開され、翌日には木原稔防衛相が英伊両国の国防相と会談した。また、同月二八日には、核・ミサイル開発を続ける北朝鮮情勢を念頭に、防衛力強化に向けた初めての日米韓三か国の防衛相会談が開催となっている。このように「敵と味方」にはっきりと分かれる世界の構図は、第二次世界大戦前夜を思わせる。

映画のなかの自衛隊を考えることは、現実の自衛隊、つまり安全保障の現状を考えることである。本書がそのきっかけとなることを強く願う。

〔註〕

（1）本章は、須藤遙子「エンターテインメント化する自衛隊広報～大規模広報施設フィールドワークからの考察」（筑紫女学園大学『人間文化研究所年報』第28号、二〇一七年、一九九－二一一頁）、および須藤遙子「自衛隊の広報戦略」（蘭信三他『社会のなかの軍隊／軍隊という社会』岩波書店、二〇二二年、二四一－二四五頁）から部分的に引用、加筆修正した。

引用・参考文献

東浩紀『動物化するポストモダン――オタクから見た日本社会』講談社現代新書、二〇〇一年
安倍晋三『美しい国へ』文春新書　二〇〇六年
安倍晋三『新しい国へ　美しい国へ　完全版』文春新書　二〇一三年
アルチュセール、ルイ『再生産について――イデオロギーと国家のイデオロギー諸装置』西川長夫・伊吹浩一・大中一彌・今野晃・山家歩訳、平凡社、二〇〇五年
五十嵐恵邦『敗戦の記憶――身体・文化・物語　1945-1970』中央公論新社、二〇〇七年
伊藤剛「『それでもなお』の／と『あかるさ』」『ユリイカ　総特集Ω『シン・ゴジラ』とはなにか』第四八巻第一七号、青土社、二〇一六年一二月臨時増刊号
井上和男「バンと呼ばれて60年　第5話『紺碧の空遠く』をめぐって」『映画論叢 19』国書刊行会、二〇〇八年一一月
岩佐陽一編『戦国自衛隊大全――『戦国自衛隊』『戦国自衛隊1549』の世界』双葉社、二〇〇五年
上野俊哉「他者と機械」清水晶他『日米映画戦――パールハーバー五十周年』青弓社、一九九一年
ヴォーゲル、エズラ・F『ジャパン・アズ・ナンバーワン――アメリカへの教訓』広中和歌子・木本彰子訳、阪急コミュニケーションズ、一九七九年
大泉実成「飽食ニッポン対自衛隊、最後の聖戦！」別冊宝島編集部『裸の自衛隊（新装版）』宝島SUGOI文庫、二〇〇八年（初版一九九一年）
大塚英志『物語消滅論――キャラクター化する「私」、イデオロギー化する「物語」』角川oneテーマ21、二〇〇四年
小熊英二『〈民主〉と〈愛国〉――戦後日本のナショナリズムと公共性』新曜社、二〇〇二年

貝塚茂樹『戦後教育のなかの道徳・宗教〈増補版〉』文化書房博文社、二〇〇六年（初版二〇〇三年）
加藤典洋「シン・ゴジラ論（ネタバレ注意）」『新潮』一一三巻一〇号、二〇一六年一〇月号
加藤久晴『異様！テレビの自衛隊迎合――元テレビマンの覚書』新日本出版社、二〇二四年
金子修介『ガメラ監督日記』小学館、一九九七年
ガルパン取材班『ガルパンの秘密――美少女戦車アニメのファンはなぜ大洗に集うのか』廣済堂新書、二〇一四年
河出書房新社編『「シン・ゴジラ」をどう観るか』河出書房新社、二〇一六年
酒井直樹『日本／映像／米国――共感の共同体と帝国的国民主義』青土社、二〇〇七年
佐藤文香『女性兵士という難問――ジェンダーから問う戦争・軍隊の社会学』慶應義塾大学出版会、二〇二二年
椹木野依『戦争と万博』美術出版社、二〇〇五年
スカウ、ニコラス『驚くべきCIAの世論操作』伊藤真訳、インターナショナル新書、二〇一八年
須藤遙子『自衛隊協力映画――『今日もわれ大空にあり』から『名探偵コナン』まで』大月書店、二〇一三年
須藤遙子「『文化圏』としての『ガールズ＆パンツァー』――サブカルチャーをめぐる産官民の『ナショナル』な野合」朴順愛・谷川建司・山田奨治編『大衆文化とナショナリズム』森話社、二〇一六年
須藤遙子「エンターテインメント化する自衛隊広報――大規模広報施設フィールドワークからの考察」筑紫女学園大学『人間文化研究所年報』第28号、二〇一七年
須藤遙子「文化政策論――『ガールズ＆パンツァー』にみる非政治的な政治性」小山昌宏・須川亜紀子編著『アニメ研究入門――応用編―アニメを究める11のコツ』現代書館、二〇一八年
須藤遙子「自衛隊の広報戦略」蘭信三他編『社会のなかの軍隊／軍隊という社会（シリーズ戦争と社会　第2巻）』岩波書店、二〇二二年
須藤遙子「子どもが再び『少國民』になる日――コロナ禍とロシアによるウクライナ侵攻のなかで」日本子どもを守る会『子ども白書２０２２』かもがわ出版、二〇二二年
高橋哲哉『国家と犠牲』ＮＨＫ出版、二〇〇五年

田中孝昌「防衛庁の広報政策に関する一考察――合意形成のための政策課題」法政大学大学院政治学研究科『政治・政策ダイアローグ　第2号』二〇〇四年
谷川建司・須藤遙子訳編『対米従属の起源――「1959年米機密文書」を読む』大月書店、二〇一九年
ツツイ、ウィリアム・M『ゴジラとアメリカの半世紀』神山京子訳、中央公論新社、二〇〇五年
ナイ、ジョセフ・S『ソフト・パワー――21世紀国際政治を制する見えざる力』山岡洋一訳、日本経済新聞出版社、二〇〇四年
中西新太郎編『1995年――未了の問題圏』大月書店、二〇〇八年
ハルトゥーニアン、ハリー「国民の物語／亡霊の出現――近代日本における国民的主体の形成」キャロル・グラック他『日本の歴史25　日本はどこへ行くのか』講談社、二〇〇三年
福間良明『「反戦」のメディア史――戦後日本における世論と輿論の拮抗』世界思想社、二〇〇六年
ベネディクト、ルース『菊と刀――日本文化の型』長谷川松治訳、講談社学術文庫、二〇〇五年
ホブズボーム、エリック・J・E『ナショナリズムの歴史と現在』浜林正夫他訳、大月書店、二〇〇一年
ホブズボウム、エリック／レンジャー、テレンス編『創られた伝統』前川啓治他訳、紀伊國屋書店、一九九二年
山田和夫『偽りの映像――戦争を描く眼』新日本出版社、一九八四年
好井裕明『原爆映画の社会学――被爆表象の批判的エスノメソドロジー』新曜社、二〇二四年
吉田裕『日本人の戦争観――戦後史のなかの変容』岩波現代文庫、二〇〇五年
吉本光宏『イメージの帝国／映画の終り』以文社、二〇〇七年
リヒター、シュテフィ「ワンダーランド・ヤスクニ――ポップ・ナショナリズムの現在」小林敏明訳、坪井秀人・藤木秀朗編著『イメージとしての戦後』青弓社、二〇一〇年
ルナン、エルネスト他『国民とは何か』鵜飼哲他訳、インスクリプト、一九九七年
渡辺治『日本の大国化とネオ・ナショナリズムの形成――天皇制ナショナリズムの模索と隘路』桜井書店、二〇〇一年

Alford, Matthew/Secker, Tom *National Security Cinema: The Shocking New Evidence of Government Control in Hollywood*, CreateSpace Independent Publishing Platform, 2017

Gerow, Aaron 'Fantasies of War and Nation in Recent Japanese Cinema' "Japan Focus" Posted February 20, 2006 http://www.japanfocus.org/-Aaron-Gerow/1707（二〇一一年五月二〇日最終閲覧）

Gerow, Aaron 'War and Nationalism in Yamato : Trauma and Forgetting the Postwar' "Asia - Pacific Journal" Volume 9, Issue 24, No.1, June 13, 2011 http://www.japanfocus.org/-Aaron-Gerow/3545（二〇一一年五月二〇日最終閲覧）

McGray, Douglas 'JAPAN'S GROSS NATIONAL COOL'"Foreign Policy" 2002, May-June, pp.44-54

Robb, David L. *Operation Hollywood : How the Pentagon Shapes and Censors the Movies*, Prometheus Books, 2004

『防衛白書』『朝雲』『ＭＡＭＯＲ』『陸戦研究』

『朝日新聞』『京都新聞』『産経新聞』『東京新聞』『毎日新聞』『読売新聞』『赤旗』

『サンケイスポーツ』『スポーツニッポン』『スポーツ報知』『デイリースポーツ』『東京スポーツ』『東京中日スポーツ』『日刊スポーツ』『内外タイムス』『夕刊フジ』

『ＡＥＲＡ』『キネマ旬報』『コンバットマガジン』『サンデー毎日』『週刊新潮』『週刊ヤングマガジン』『フォーカス』

各作品公式ホームページ、「THE RIVER」ホームページ、「Bloomberg」ホームページ、メディア各社ホームページ

あとがき

小学校時代、横浜市内の私の家から少し離れたところに、白で塗られた目立たない小ぶりの集合住宅に住んでいる同級生の女の子がいた。すぐそばには、何も書かれていない頑丈な門のなかに建物が点在する広い敷地があり、別の友達が「あれは自衛隊の施設で、クミコちゃんが住んでいるのは宿舎なんだよ」と教えてくれた。

ある日、参観日でもないのに彼女のお父さんが学校に来たことがある。背が高く、がっしりとしており、整った顔立ちは美人だった同級生に似ていた。彼は真っ白い制服を着て、白い帽子を被り、しゃんと背筋を伸ばして担任の先生と何かを話していた。今から思うと、彼は海上自衛隊にお勤めだったのだろう。一九七〇年代後半、自衛隊はもちろん自他ともに認める「日陰者」だった。そして、当時ではまったくめずらしくなかったが、担任の先生はバリバリの日教組だった。本書の定義では、自衛隊協力映画の中断期のことである。私は小学校三年生か四年生だったが、初めて自衛官を間近で見て、そして子どもながらに先生と同級生の父親の間に流れる微妙な緊張を感じ、とてもドキドキしたのを鮮明に覚えている。

あれから五〇年近くが過ぎ、自衛隊はすっかり「人気者」になった。実家のそばの施設の門には、もうだいぶ前から黒々と「自衛隊〇〇駐屯地」と書かれた大きなプレートが埋め込まれ、迷彩服姿で自転車通勤している自衛官を時たま見かけることもある（こうした光景はもちろん地方では当たり前のものであり、第

3章で述べた「トーキョー・セントリズム」の問題と絡むのだが、詳細は割愛)。テレビのバラエティ番組で自衛隊を見ることはめずらしくなくなり、特にオリコンの「二〇二三年ブレイク芸人ランキング」で一位となったやす子は、毎日のようにテレビで見かけるといっても過言ではない。女性芸人が元自衛官という経歴で売れ、しかも現在は現役の即応予備自衛官であることが宣伝文句になるなど、冷戦崩壊までは考えられないことだった。

二〇一三年に刊行された前書『自衛隊協力映画――「今日もわれ大空にあり」から「名探偵コナン」まで』からの一〇年余りの間だけ見ても、自衛隊をめぐる変化は大きい。前記のように映画のみならず自衛隊関連のテレビ番組が激増し、加えて頻発する実際の災害出動により、自衛隊が活躍する姿は国民にとってもはやお馴染みのものである。そして実は、その変化は学術分野にも及んでいる。社会学分野では自衛隊を対象とする研究が飛躍的に増え、学会で一つのパネルが組まれることもあるくらいなのだ。先行研究がまさに数えるほどしかなく、「自衛隊」というだけで研究が注目されたのはもはや過去のことである。つまり学術分野でも自衛隊のポピュラー化は進んでおり、やや年寄りじみたことをいわせてもらえば、そのポピュラー化によって自衛隊をテーマにするという政治性も脱臭化しているといえるだろう。

本書は、このような時代だからこそ、改めて映画に焦点をあてて自衛隊の広報を考察しようとするものである。直接的には母校である早稲田大学で政治経済学部における「映像文化論」の授業を、二〇二三年度から担当したことがきっかけとなっている。この授業では、私としては初めてガッツリと「自衛隊協力映画」について教えており、いろいろと興味深い体験をさせてもらっている。まずは、かつては学生運動の大きな拠点の一つだった早稲田大学でも、現代の学生なので自衛隊に対しては当然ながら基本的に好意的である。また、私が研究のために「うぐぐ、つまらない……」と苦痛を伴いつつ観てきた多くの映画を、それなりにおもしろそうに観ているのも不思議かつややショックだった。そして彼らと一緒に視聴すると、一九九〇年代の作品などはもう十分に「古い映画」になっており、それなりの味が感じられることにも驚いた。学生たちからの授業コメントは示唆に富んでおり、直接ではなくとも本書の通奏低音の一つとして生かされている。

さらに、この一〇年近くの間に教えてきた筑紫女学園大学現代社会学部現代社会学科、東京都市大学メディア情報学部社会メディア学科、摂南大学現代社会学部現代社会学科の学生たちにも、折に触れて自衛隊協力映画について話し、興味深い感想をいただいた。受講生の皆さん、どうもありがとう。少し変わった授業として、皆さんの記憶の片隅に残れば幸いです。自衛隊の主たる仕事を災害出動のままにし、ポピュラー文化のなかだけの人気者にしておくのは、あなたたちにかかっているのですよ。

本書の刊行にあたり、元防衛庁長官官房広報課長であり、参議院議員も経験された鈴木正孝氏に改めて特別な感謝を申し上げたい。前書では帯の推薦文もいただいた。「のり先生の複雑怪奇な思考はよくわからない」といわれつつ、私としては大変僭越ながら「日本のことを真剣に考える同士」として常に対等に接してくださっていると感じており、前書刊行から現在に至るまで、折にふれての鈴木さんのサポートは私の研究にとって非常に重要なものである。鈴木さんの幅広いご経験にはいつも驚かされ、穏やかな口調で時折語られる鋭いご意見に、安全保障の現場の厳しさを学ばせていただいている。これからもどうぞお元気で、いろいろなことを教えてくださいね。また、担当編集者の角田三佳さんには、前書と『対米従属の起源「1959年米機密文書」を読む』（二〇一九年）に続き、大変お世話になった。いつも的確で冷静なコメントと、あたたかいサポートをありがとうございます。

二〇二四年七月

須藤遙子

本書は、日本学術振興会　科学研究費助成事業　特別研究員奨励費「警察予備隊・保安隊・自衛隊による協力映画研究――1950-60年代を中心に」（二〇一五-一八年）、挑戦的萌芽研究「自衛隊広報のエンターテインメント化に関するフィールドワーク研究」（二〇一五-一八年）、基盤研究（C）「1950年代の米国による映画広報政策と日本の防衛広報の結節点についての実証的研究」（二〇一五-一八年）、若手研究「在日米軍のソフトパワー戦略――親善イベントを対象に」（二〇二〇-二三年）の成果を含む。

須藤遙子（すどう　のりこ）1969年生まれ
摂南大学現代社会学部教授（メディア研究）
早稲田大学第一文学部卒業，上智大学大学院修士（新聞学），横浜市立大学大学院博士（学術）。
NHK幼児番組ディレクター，日本学術振興会特別研究員（PD），筑紫女学園大学准教授／教授，東京都市大学メディア情報学部教授を経て，2023年４月より現職。
単著『自衛隊協力映画――『今日もわれ大空にあり』から『名探偵コナン』まで』（大月書店，2013年），共著『アニメ研究入門【応用編】――アニメを極める11のコツ』（現代書館，2018年），共編著『*Cultural Politics around East Asian Cinema: 1939-2018*』（京都大学出版会，2019年），共編訳『対米従属の起源――「1959年米機密文書」を読む』（大月書店，2019年）など。

カバーイラスト　岡田　丈

装幀　Boogie Design

映画のなかの自衛隊――防衛省のメディア広報戦略

2024年９月25日　第１刷発行

定価はカバーに
表示してあります

著　者　須　藤　遙　子
発行者　中　川　　進

〒113-0033 東京都文京区本郷２-11-９

発行所　株式会社　大　月　書　店

印刷　三晃印刷
製本　中永製本

電話（代表）03-3813-4651　FAX 03-3813-4656　振替 00130-7-16387
http://www.otsukishoten.co.jp/

ISBN978-4-272-33115-4　C0036　Printed in Japan